LOS VERBOS CASTELLANOS CONJUGADOS

LOS VERBOS CASTELLANOS CONJUGADOS

Joan Baptista Xuriguera

claret
EDITORIAL

Décima edición

Roger de Llúria, 5 – 08010 Barcelona
Tel.: 933 010 062 – Fax: 933 174 830
www.claret.es – editorial@claret.es

ISBN: 978-84-9846-018-6, octava edición
(ISBN: 84-8297-391-6, primera edición)
Depósito legal: B-1.172-2009

Impreso en Imprimeix
Enero de 2009

Prólogo

Hoy en día la conjugación de los verbos continúa siendo la principal dificultad de lenguaje con que se encuentran los estudiantes, tanto españoles como extranjeros, y los usuarios de la lengua en general. A pesar de entrar de lleno en la era de las telecomunicaciones, aún encontramos lagunas a la hora de comunicarnos.

Este libro que tenéis en las manos intenta hacer más fácil la tarea de escribir, tarea en la cual el matiz que ofrece la flexión verbal (indicativo, subjuntivo, imperativo) es importantísimo para expresarse con concisión. Cualquier duda sobre la conjugación quedará resuelta consultando el índice alfabético de todos los verbos que se encuentra al final del libro. O el verbo tendrá conjugación propia, o remitirá a otro verbo de idéntica conjugación. El número que acompaña al verbo remite a la página de la conjugación.

La flexión verbal está compuesta por tres modos verbales: indicativo, subjuntivo e imperativo. El indicativo comprende cinco tiempos simples (presente, pretérito imperfecto, pretérito perfecto simple, futuro imperfecto y condicional simple) y cinco tiempos compuestos (pretérito perfecto, pretérito pluscuamperfecto, pretérito anterior, futuro perfecto y condicional compuesto). El subjuntivo comprende tres tiempos simples (presente, pretérito imperfecto y futuro imperfecto) y tres tiempos compuestos (pretérito perfecto, pretérito pluscuamperfecto y futuro perfecto). El imperativo solo comprende un tiempo, que es el presente.

La flexión comprende también tres formas no personales, que pueden ser también simples o compuestas (infinitivo, participio y gerundio).

El imperativo solo presenta como formas propias las segundas personas (*sal*, *salid*). Para las personas restantes usamos las del presente del subjuntivo.

Los verbos españoles se dividen en tres conjugaciones: la primera acaba en *-ar*, la segunda en *-er* y la tercera en *-ir*.

Como paradigma de ellas se han tomado los verbos am*ar*, te*mer* y part*ir*.

La mayor parte de los verbos, los llamados verbos regulares, se conjugan a partir de estos tres modelos y su conjugación no presenta ninguna dificultad.

Los verbos llamados irregulares son los que alteran parte o todos los tiempos respecto a la desinencia o a la raíz.

No parece necesario advertir que en la clasificación de las irregularidades no entran para nada las variaciones simplemente ortográficas como sigo/sig*u*e, dirigimos/diri*j*amos, hi*c*e/hizo, variaciones que responden a la ortografía de la lengua española.

Tipos de irregularidades que podemos encontrar:

Vocálica: pedir/p*i*dió, morir/m*u*rió; querer/qu*ie*ro; volver/v*ue*lvo; inqu*i*rir/inqu*ie*ro; j*u*gar/j*ue*go.

Consonántica: ha*c*er/ha*g*a; ha*b*er/ha*y*a; na*c*er/na*zc*o; sa*l*ir/sa*lg*o; ve*n*ir/ve*ng*o; h*u*ir/h*uy*o.

Mixta: de*ci*r/d*ig*o; s*ab*er/s*ep*a; ca*b*er/que*p*a; oír/o*ig*o; tra*e*r/tra*i*ga.

También presentamos las irregularidades debidas a contracciones (s*é*/saber), todas las irregularidades que afectan al tema *(di, haz, doy, voy)*, los perfectos fuertes (*traje*), participios irregulares (*muerto*), los verbos con más de una raíz (*ser*) y los verbos defectivos o incompletos.

(Los verbos defectivos son aquellos que carecen de algunos de los tiempos y personas, como *soler*, *abolir*. Los verbos como *llover*, *amanecer* y en general los que hacen referencia a fenómenos atmosféricos solo se usan en tercera persona y en las formas no personales. No obstante, el uso del lenguaje figurativo transciende la simple significación propia dotando al verbo de la capacidad de evocar. «Amanecí en Madrid» es una frase que entiende cualquier hablante y a la cual nadie pondrá objeción alguna. Por ello esos verbos más usados remiten, en el índice, a un verbo de conjugación completa [en el caso de amanecer, remitirá al modelo *parecer]*.)

Respecto a los verbos vocálicos, es decir los que tienen vocal delante de la terminación *-ar*, *-er* o *-ir* de infinitivo, únicamente son irregulares los acabados en *-aer*, *-eír*, *-oír* y *-uir* (por ejemplo, traer, reír, oír, huir).

Los verbos acabados en *-iar* presentan una dificultad peculiar en su conjugación: la del diptongo (por ejemplo cambiar/camb*i*o - confiar/conf*í*o). Este libro resuelve la duda remitiendo a la conjugación correcta. Hay verbos que vacilan en su acentuación. Nosotros remitimos a su uso más corriente según la Real Academia Española.

Los verbos que presentan irregularidades de acentuación en el tema también quedan reflejados en este libro (por ejemplo, causar/ca*u*so, aullar/a*ú*llo, aislar/a*í*slo, airear/a*i*reo), y el lector será remitido a la conjugación correcta.

El índice alfabético de los verbos se encuentra en las últimas páginas, tras todos los paradigmas desarrollados. Los verbos han sido extraídos del *Diccionario de la Lengua Española*, publicado por la Real Academia Española en el año 1992. Por lo tanto, el lector encontrará en el índice las últimas incorporaciones de la RAE, tanto neologismos como americanismos.

Los únicos verbos que no encontrará el lector son aquellos que según la Academia son voces anticuadas o desusadas.

Para confeccionar este libro hemos consultado el *Esbozo de una nueva gramática de la lengua española*, de la Comisión de Gramática de la Real Academia Española.

La flexión y la designación de los tiempos es la que presenta el *Esbozo*.

El *Esbozo* fue publicado el año 1973. La última edición de la *Gramática* de la RAE es de 1931. El *Esbozo* presenta unas modificaciones respecto a la denominación de los tiempos utilizada por la *Gramática*. Presentamos seguidamente las equivalencias. Dado que en muchos países latinoamericanos se usa la terminología de Andrés Bello, añadimos también su nomenclatura.

El lector notará también que las formas no personales del verbo, que antes formaban el llamado modo infinitivo (*amar, amando, amado)* ahora se denominan justamente formas no personales. Por lo tanto, el modo infinitivo desaparece. Desaparece también el modo condicional, que se incorpora al modo indicativo, como un tiempo más.

Denominación de las formas verbales personales

Formas verbales	Esbozo 1973	Academia 1931	Bello
		INDICATIVO	
amo	presente	presente	presente
amaba	pret. imperfecto	pret. imperfecto	copretérito
amé	pretérito perfecto simple	pretérito indefinido	pretérito
amaré	futuro	futuro imperfecto	futuro
amaría	condicional	potencial simple o imperfecto	pospretérito
he amado	pretérito perfecto compuesto	pretérito perfecto	antepresente
había amado	pretérito plus-cuamperfecto	pretérito plus-cuamperfecto	antecopretérito
hube amado	pretérito anterior	preterito anterior	antepretérito
habré amado	futuro perfecto	futuro perfecto	antefuturo
habría amado	condicional perfecto	potencial compuesto o perfecto	antepospretérito
		SUBJUNTIVO	
ame	presente	presente	presente
amase o amara	pret. imperfecto	pret. imperfecto	pretérito
amare	futuro	futuro imperfecto	futuro
haya amado	pretérito perfecto	pretérito perfecto	antepresente
hubiese o hubiera amado	pretérito plus-cuamperfecto	pretérito plus-cuamperfecto	antepretérito
hubiere amado	futuro perfecto	futuro perfecto	antefuturo
		IMPERATIVO	
ama	presente		

Una principal preocupación para nosotros ha sido procurar que la consulta del libro fuese amena, clara y sencilla. Creemos que será de gran utilidad para estudiantes, periodistas, publicistas, redactores, profesores y para todas aquellas personas que sienten la lengua como algo vivo que sirve para expresar, con todos los matices que quiera, el pensamiento.

Esperamos haber obtenido nuestro objetivo; si el lector halla en la obra respuesta a sus dudas, quedaremos plenamente satisfechos.

Editorial Claret

Índice de cuadros de conjugaciones

Cuadros de conjugaciones

1 ABARSE (defectivo)

(carece de cuadro flexivo)

MODO IMPERATIVO

Presente

ábate
abaos

Formas no personales

Simples:

Infinitivo: abarse

2 ABOLIR (defectivo)

Formas personales

MODO INDICATIVO

Tiempos simples:

Presente

—
—
—
abolimos
abolís
—

Pretérito imperfecto

abolía
abolías
abolía
abolíamos
abolíais
abolían

Pretérito perfecto simple

abolí
aboliste
abolió
abolimos
abolisteis
abolieron

Futuro imperfecto

aboliré
abolirás
abolirá
aboliremos
aboliréis
abolirán

Condicional simple

aboliría
abolirías
aboliría
aboliríamos
aboliríais
abolirían

Tiempos compuestos:

Pretérito perfecto

he abolido
has abolido
ha abolido
hemos abolido
habéis abolido
han abolido

Pretérito pluscuamperfecto

había abolido
habías abolido
había abolido
habíamos abolido
habíais abolido
habían abolido

Pretérito anterior

hube abolido
hubiste abolido
hubo abolido
hubimos abolido
hubisteis abolido
hubieron abolido

Futuro perfecto

habré abolido
habrás abolido
habrá abolido
habremos abolido
habréis abolido
habrán abolido

Condicional compuesto

habría abolido
habrías abolido
habría abolido
habríamos abolido
habríais abolido
habrían abolido

MODO SUBJUNTIVO

Tiempos simples:	Tiempos compuestos:
Presente	*Pretérito perfecto*
	haya abolido
	hayas abolido
(no se usa)	haya abolido
	hayamos abolido
	hayáis abolido
	hayan abolido
Pretérito imperfecto	*Pretérito pluscuamperfecto*
aboliese *o* -iera	hubiese *o* -iera abolido
abolieses *o* -ieras	hubieses *o* -ieras "
aboliese *o* -iera	hubiese *o* -iera "
aboliésemos *o* -iéramos	hubiésemos *o* -iéramos "
abolieseis *o* -ierais	hubieseis *o* -ierais "
aboliesen *o* -ieran	hubiesen *o* -ieran "
Futuro imperfecto	*Futuro perfecto*
aboliere	hubiere abolido
abolieres	hubieres abolido
aboliere	hubiere abolido
aboliéremos	hubiéremos abolido
aboliereis	hubiereis abolido
abolieren	hubieren abolido

MODO IMPERATIVO

Presente

—
abolid

Formas no personales

Simples:		Compuestas:		
Infinitivo:	abolir	*Infinitivo:*	haber	abolido
Gerundio:	aboliendo	*Gerundio*	habiendo	abolido
Participio:	abolido			

MODO INDICATIVO

Tiempos simples:

Presente

abro
abres
abre
abrimos
abrís
abren

Pretérito imperfecto

abría
abrías
abría
abríamos
abríais
abrían

Pretérito perfecto simple

abrí
abriste
abrió
abrimos
abristeis
abrieron

Futuro imperfecto

abriré
abrirás
abrirá
abriremos
abriréis
abrirán

Condicional simple

abriría
abrirías
abriría
abriríamos
abriríais
abrirían

Tiempos compuestos:

Pretérito perfecto

he abierto
has abierto
ha abierto
hemos abierto
habéis abierto
han abierto

Pretérito pluscuamperfecto

había abierto
habías abierto
había abierto
habíamos abierto
habíais abierto
habían abierto

Pretérito anterior

hube abierto
hubiste abierto
hubo abierto
hubimos abierto
hubisteis abierto
hubieron abierto

Futuro perfecto

habré abierto
habrás abierto
habrá abierto
habremos abierto
habréis abierto
habrán abierto

Condicional compuesto

habría abierto
habrías abierto
habría abierto
habríamos abierto
habríais abierto
habrían abierto

MODO SUBJUNTIVO

Tiempos simples:

Presente

abra
abras
abra
abramos
abráis
abran

Pretérito imperfecto

abriese	*o*	-iera
abrieses	*o*	-ieras
abriese	*o*	-iera
abriésemos	*o*	-iéramos
abrieseis	*o*	-ierais
abriesen	*o*	-ieran

Futuro imperfecto

abriere
abrieres
abriere
abriéremos
abriereis
abrieren

Tiempos compuestos:

Pretérito perfecto

haya	abierto
hayas	abierto
haya	abierto
hayamos	abierto
hayáis	abierto
hayan	abierto

Pretérito pluscuamperfecto

hubiese	*o*	-iera	abierto
hubieses	*o*	-ieras	"
hubiese	*o*	-iera	"
hubiésemos	*o*	-iéramos	"
hubieseis	*o*	-ierais	"
hubiesen	*o*	-ieran	"

Futuro perfecto

hubiere	abierto
hubieres	abierto
hubiere	abierto
hubiéremos	abierto
hubiereis	abierto
hubieren	abierto

MODO IMPERATIVO

Presente

abre
abrid

Formas no personales

Simples:

Infinitivo: abrir
Gerundio: abriendo
Participio: abierto

Compuestas:

Infinitivo: haber abierto
Gerundio habiendo abierto

MODO INDICATIVO

Tiempos simples:

Presente

absorbo
absorbes
absorbe
absorbemos
absorbéis
absorben

Pretérito imperfecto

absorbía
absorbías
absorbía
absorbíamos
absorbíais
absorbían

Pretérito perfecto simple

absorbí
absorbiste
absorbió
absorbimos
absorbisteis
absorbieron

Futuro imperfecto

absorberé
absorberás
absorberá
absorberemos
absorberéis
absorberán

Condicional simple

absorbería
absorberías
absorbería
absorberíamos
absorberíais
absorberían

Tiempos compuestos:

Pretérito perfecto

he absorbido
has absorbido
ha absorbido
hemos absorbido
habéis absorbido
han absorbido

Pretérito pluscuamperfecto

había absorbido
habías absorbido
había absorbido
habíamos absorbido
habíais absorbido
habían absorbido

Pretérito anterior

hube absorbido
hubiste absorbido
hubo absorbido
hubimos absorbido
hubisteis absorbido
hubieron absorbido

Futuro perfecto

habré absorbido
habrás absorbido
habrá absorbido
habremos absorbido
habréis absorbido
habrán absorbido

Condicional compuesto

habría absorbido
habrías absorbido
habría absorbido
habríamos absorbido
habríais absorbido
habrían absorbido

MODO SUBJUNTIVO

Tiempos simples:			Tiempos compuestos:			
Presente			*Pretérito perfecto*			
absorba			haya	absorbido		
absorbas			hayas	absorbido		
absorba			haya	absorbido		
absorbamos			hayamos	absorbido		
absorbáis			hayáis	absorbido		
absorban			hayan	absorbido		
Pretérito imperfecto			*Pretérito pluscuamperfecto*			
absorbiese	*o*	-iera	hubiese	*o*	-iera	absorbido
absorbieses	*o*	-ieras	hubieses	*o*	-ieras	"
absorbiese	*o*	-iera	hubiese	*o*	-iera	"
absorbiésemos	*o*	-iéramos	hubiésemos	*o*	-iéramos	"
absorbieseis	*o*	-ierais	hubieseis	*o*	-ierais	"
absorbiesen	*o*	-ieran	hubiesen	*o*	-ieran	"
Futuro imperfecto			*Futuro perfecto*			
absorbiere			hubiere	absorbido		
absorbieres			hubieres	absorbido		
absorbiere			hubiere	absorbido		
absorbiéremos			hubiéremos	absorbido		
absorbiereis			hubiereis	absorbido		
absorbieren			hubieren	absorbido		

MODO IMPERATIVO

Presente

absorbe
absorbed

Formas no personales

Simples:		Compuestas:		
Infinitivo:	absorber	*Infinitivo:*	haber	absorbido
Gerundio:	absorbiendo	*Gerundio*	habiendo	absorbido
Participio:	absorbido (o absorto)			

MODO INDICATIVO

Tiempos simples:

Presente

abstraigo
abstraes
abstrae
abstraemos
abstraéis
abstraen

Pretérito imperfecto

abstraía
abstraías
abstraía
abstraíamos
abstraíais
abstraían

Pretérito perfecto simple

abstraje
abstrajiste
abstrajo
abstrajimos
abstrajisteis
abstrajeron

Futuro imperfecto

abstraeré
abstraerás
abstraerá
abstraeremos
abstraeréis
abstraerán

Condicional simple

abstraería
abstraerías
abstraería
abstraeríamos
abstraeríais
abstraerían

Tiempos compuestos:

Pretérito perfecto

he abstraído
has abstraído
ha abstraído
hemos abstraído
habéis abstraído
han abstraído

Pretérito pluscuamperfecto

había abstraído
habías abstraído
había abstraído
habíamos abstraído
habíais abstraído
habían abstraído

Pretérito anterior

hube abstraído
hubiste abstraído
hubo abstraído
hubimos abstraído
hubisteis abstraído
hubieron abstraído

Futuro perfecto

habré abstraído
habrás abstraído
habrá abstraído
habremos abstraído
habréis abstraído
habrán abstraído

Condicional compuesto

habría abstraído
habrías abstraído
habría abstraído
habríamos abstraído
habríais abstraído
habrían abstraído

MODO SUBJUNTIVO

Tiempos simples:

Presente

abstraiga
abstraigas
abstraiga
abstraigamos
abstraigáis
abstraigan

Pretérito imperfecto

abstrajese	*o*	-jera
abstrajeses	*o*	-jeras
abstrajese	*o*	-jera
abstrajésemos	*o*	-jéramos
abstrajeseis	*o*	-jerais
abstrajesen	*o*	-jeran

Futuro imperfecto

abstrajere
abstrajeres
abstrajere
abstrajéremos
abstrajereis
abstrajeren

Tiempos compuestos:

Pretérito perfecto

haya	abstraído
hayas	abstraído
haya	abstraído
hayamos	abstraído
hayáis	abstraído
hayan	abstraído

Pretérito pluscuamperfecto

hubiese	*o*	-iera	abstraído
hubieses	*o*	-ieras	"
hubiese	*o*	-iera	"
hubiésemos	*o*	-iéramos	"
hubieseis	*o*	-ierais	"
hubiesen	*o*	-ieran	"

Futuro perfecto

hubiere	abstraído
hubieres	abstraído
hubiere	abstraído
hubiéremos	abstraído
hubiereis	abstraído
hubieren	abstraído

MODO IMPERATIVO

Presente

abstrae
abstraed

Formas no personales

Simples:

Infinitivo: abstraer
Gerundio: abstrayendo
Participio: abstraído (o abstracto)

Compuestas:

Infinitivo: haber abstraído
Gerundio habiendo abstraído

6 ACAECER (defectivo)

MODO INDICATIVO

Tiempos simples:

Presente

—
—
acaece
—
—
acaecen

Pretérito imperfecto

—
—
acaecía
—
—
acaecían

Pretérito perfecto simple

—
—
acaeció
—
—
acaecieron

Futuro imperfecto

—
—
acaecerá
—
—
acaecerán

Condicional simple

—
—
acaecería
—
—
acaecerían

Tiempos compuestos:

Pretérito perfecto

—
—
ha acaecido
—
—
han acaecido

Pretérito pluscuamperfecto

—
—
había acaecido
—
—
habían acaecido

Pretérito anterior

—
—
hubo acaecido
—
—
hubieron acaecido

Futuro perfecto

—
—
habrá acaecido
—
—
habrán acaecido

Condicional compuesto

—
—
habría acaecido
—
—
habrían acaecido

MODO SUBJUNTIVO

Tiempos simples:			Tiempos compuestos:			
Presente			*Pretérito perfecto*			
—			—			
—			—			
acaezca			haya			acaecido
—			—			
—			—			
acaezcan			hayan			acaecido
Pretérito imperfecto			*Pretérito pluscuamperfecto*			
—			—			
—			—			
acaeciese	*o*	-iera	hubiese	*o*	-iera	acaecido
—			—			
—			—			
acaeciesen	*o*	-ieran	hubiesen	*o*	-ieran	"
Futuro imperfecto			*Futuro perfecto*			
—			—			
—			—			
acaeciere			hubiere			acaecido
—			—			
—			—			
acaecieren			hubieren			acaecido

MODO IMPERATIVO

Presente
(no se usa)

Formas no personales

Simples:		Compuestas:		
Infinitivo:	acaecer	*Infinitivo:*	haber	acaecido
Gerundio:	acaeciendo	*Gerundio*	habiendo	acaecido
Participio:	acaecido			

MODO INDICATIVO

Tiempos simples:	Tiempos compuestos:	
Presente	*Pretérito perfecto*	
—	—	
—	—	
acontece	ha	acontecido
—	—	
—	—	
acontecen	han	acontecido
Pretérito imperfecto	*Pretérito pluscuamperfecto*	
—	—	
—	—	
acontecía	había	acontecido
—	—	
—	—	
acontecían	habían	acontecido
Pretérito perfecto simple	*Pretérito anterior*	
—	—	
—	—	
aconteció	hubo	acontecido
—	—	
—	—	
acontecieron	hubieron	acontecido
Futuro imperfecto	*Futuro perfecto*	
—	—	
—	—	
acontecerá	habrá	acontecido
—	—	
—	—	
acontecerán	habrán	acontecido
Condicional simple	*Condicional compuesto*	
—	—	
—	—	
acontecería	habría	acontecido
—	—	
—	—	
acontecerían	habrían	acontecido

MODO SUBJUNTIVO

Tiempos simples:		Tiempos compuestos:	
Presente		*Pretérito perfecto*	
—		—	
—		—	
acontezca		haya	acontecido
—		—	
—		—	
acontezcan		hayan	acontecido
Pretérito imperfecto		*Pretérito pluscuamperfecto*	
—		—	
—		—	
aconteciese	*o* -iera	hubiese *o* -iera	acontecido
—		—	
—		—	
aconteciesen	*o* -ieran	hubiesen *o* -ieran	acontecido
Futuro imperfecto		*Futuro perfecto*	
—		—	
—		—	
aconteciere		hubiere	acontecido
—		—	
—		—	
acontecieren		hubieren	acontecido

MODO IMPERATIVO

Presente

(no existe)

Formas no personales

Simples:		Compuestas:		
Infinitivo:	acontecer	*Infinitivo:*	haber	acontecido
Gerundio:	aconteciendo	*Gerundio*	habiendo	acontecido
Participio:	acontecido			

MODO INDICATIVO

Tiempos simples:

Presente

adquiero
adquieres
adquiere
adquirimos
adquirís
adquieren

Pretérito imperfecto

adquiría
adquirías
adquiría
adquiríamos
adquiríais
adquirían

Pretérito perfecto simple

adquirí
adquiriste
adquirió
adquirimos
adquiristeis
adquirieron

Futuro imperfecto

adquiriré
adquirirás
adquirirá
adquiriremos
adquiriréis
adquirirán

Condicional simple

adquiriría
adquirirías
adquiriría
adquiriríamos
adquiriríais
adquirirían

Tiempos compuestos:

Pretérito perfecto

he adquirido
has adquirido
ha adquirido
hemos adquirido
habéis adquirido
han adquirido

Pretérito pluscuamperfecto

había adquirido
habías adquirido
había adquirido
habíamos adquirido
habíais adquirido
habían adquirido

Pretérito anterior

hube adquirido
hubiste adquirido
hubo adquirido
hubimos adquirido
hubisteis adquirido
hubieron adquirido

Futuro perfecto

habré adquirido
habrás adquirido
habrá adquirido
habremos adquirido
habréis adquirido
habrán adquirido

Condicional compuesto

habría adquirido
habrías adquirido
habría adquirido
habríamos adquirido
habríais adquirido
habrían adquirido

MODO SUBJUNTIVO

Tiempos simples:

Presente

adquiera
adquieras
adquiera
adquiramos
adquiráis
adquieran

Pretérito imperfecto

adquiriese	*o*	-iera
adquirieses	*o*	-ieras
adquiriese	*o*	-iera
adquiriésemos	*o*	-iéramos
adquirieseis	*o*	-ierais
adquiriesen	*o*	-ieran

Futuro imperfecto

adquiriere
adquirieres
adquiriere
adquiriéremos
adquiriereis
adquirieren

Tiempos compuestos:

Pretérito perfecto

haya	adquirido
hayas	adquirido
haya	adquirido
hayamos	adquirido
hayáis	adquirido
hayan	adquirido

Pretérito pluscuamperfecto

hubiese	*o*	-iera	adquirido
hubieses	*o*	-ieras	"
hubiese	*o*	-iera	"
hubiésemos	*o*	-iéramos	"
hubieseis	*o*	-ierais	"
hubiesen	*o*	-ieran	"

Futuro perfecto

hubiere	adquirido
hubieres	adquirido
hubiere	adquirido
hubiéremos	adquirido
hubiereis	adquirido
hubieren	adquirido

MODO IMPERATIVO

Presente

adquiere
adquirid

Formas no personales

Simples:

Infinitivo: adquirir
Gerundio: adquiriendo
Participio: adquirido

Compuestas:

Infinitivo: haber adquirido
Gerundio habiendo adquirido

MODO INDICATIVO

Tiempos simples:

Presente

adscribo
adscribes
adscribe
adscribimos
adscribís
adscriben

Pretérito imperfecto

adscribía
adscribías
adscribía
adscribíamos
adscribíais
adscribían

Pretérito perfecto simple

adscribí
adscribiste
adscribió
adscribimos
adscribisteis
adscribieron

Futuro imperfecto

adscribiré
adscribirás
adscribirá
adscribiremos
adscribiréis
adscribirán

Condicional simple

adscribiría
adscribirías
adscribiría
adscribiríamos
adscribiríais
adscribirían

Tiempos compuestos:

Pretérito perfecto

he adscrito
has adscrito
ha adscrito
hemos adscrito
habéis adscrito
han adscrito

Pretérito pluscuamperfecto

había adscrito
habías adscrito
había adscrito
habíamos adscrito
habíais adscrito
habían adscrito

Pretérito anterior

hube adscrito
hubiste adscrito
hubo adscrito
hubimos adscrito
hubisteis adscrito
hubieron adscrito

Futuro perfecto

habré adscrito
habrás adscrito
habrá adscrito
habremos adscrito
habréis adscrito
habrán adscrito

Condicional compuesto

habría adscrito
habrías adscrito
habría adscrito
habríamos adscrito
habríais adscrito
habrían adscrito

MODO SUBJUNTIVO

Tiempos simples:		Tiempos compuestos:	
Presente		*Pretérito perfecto*	
adscriba		haya	adscrito
adscribas		hayas	adscrito
adscriba		haya	adscrito
adscribamos		hayamos	adscrito
adscribáis		hayáis	adscrito
adscriban		hayan	adscrito
Pretérito imperfecto		*Pretérito pluscuamperfecto*	
adscribiese	*o* -iera	hubiese *o* -iera	adscrito
adscribieses	*o* -ieras	hubieses *o* -ieras	"
adscribiese	*o* -iera	hubiese *o* -iera	"
adscribiésemos	*o* -iéramos	hubiésemos *o* -iéramos	"
adscribieseis	*o* -ierais	hubieseis *o* -ierais	"
adscribiesen	*o* -ieran	hubiesen *o* -ieran	"
Futuro imperfecto		*Futuro perfecto*	
adscribiere		hubiere	adscrito
adscribieres		hubieres	adscrito
adscribiere		hubiere	adscrito
adscribiéremos		hubiéremos	adscrito
adscribiereis		hubiereis	adscrito
adscribieren		hubieren	adscrito

MODO IMPERATIVO

Presente

adscribe
adscribid

Formas no personales

Simples:		Compuestas:		
Infinitivo:	adscribir	*Infinitivo:*	haber	adscrito
Gerundio:	adscribiendo	*Gerundio*	habiendo	adscrito
Participio:	adscrito (o adscripto)			

10 AFLIGIR

MODO INDICATIVO

Tiempos simples:

Presente

aflijo
afliges
aflige
afligimos
afligís
afligen

Pretérito imperfecto

afligía
afligías
afligía
afligíamos
afligíais
afligían

Pretérito perfecto simple

afligí
afligiste
afligió
afligimos
afligisteis
afligieron

Futuro imperfecto

afligiré
afligirás
afligirá
afligiremos
afligiréis
afligirán

Condicional simple

afligiría
afligirías
afligiría
afligiríamos
afligiríais
afligirían

Tiempos compuestos:

Pretérito perfecto

he afligido
has afligido
ha afligido
hemos afligido
habéis afligido
han afligido

Pretérito pluscuamperfecto

había afligido
habías afligido
había afligido
habíamos afligido
habíais afligido
habían afligido

Pretérito anterior

hube afligido
hubiste afligido
hubo afligido
hubimos afligido
hubisteis afligido
hubieron afligido

Futuro perfecto

habré afligido
habrás afligido
habrá afligido
habremos afligido
habréis afligido
habrán afligido

Condicional compuesto

habría afligido
habrías afligido
habría afligido
habríamos afligido
habríais afligido
habrían afligido

MODO SUBJUNTIVO

Tiempos simples:

Presente

aflija
aflijas
aflija
aflijamos
aflijáis
aflijan

Pretérito imperfecto

afligiese	*o*	-iera
afligieses	*o*	-ieras
afligiese	*o*	-iera
afligiésemos	*o*	-iéramos
afligieseis	*o*	-ierais
afligiesen	*o*	-ieran

Futuro imperfecto

afligiere
afligieres
afligiere
afligiéremos
afligiereis
afligieren

Tiempos compuestos:

Pretérito perfecto

haya	afligido
hayas	afligido
haya	afligido
hayamos	afligido
hayáis	afligido
hayan	afligido

Pretérito pluscuamperfecto

hubiese	*o*	-iera	afligido
hubieses	*o*	-ieras	"
hubiese	*o*	-iera	"
hubiésemos	*o*	-iéramos	"
hubieseis	*o*	-ierais	"
hubiesen	*o*	-ieran	"

Futuro perfecto

hubiere	afligido
hubieres	afligido
hubiere	afligido
hubiéremos	afligido
hubiereis	afligido
hubieren	afligido

MODO IMPERATIVO

Presente

aflige
afligid

Formas no personales

Simples:

Infinitivo: afligir
Gerundio: afligiendo
Participio: afligido (o aflicto)

Compuestas:

Infinitivo: haber afligido
Gerundio habiendo afligido

MODO INDICATIVO

Tiempos simples:

Presente

ahíjo
ahíjas
ahíja
ahijamos
ahijáis
ahíjan

Pretérito imperfecto

ahijaba
ahijabas
ahijaba
ahijábamos
ahijabais
ahijaban

Pretérito perfecto simple

ahijé
ahijaste
ahijó
ahijamos
ahijasteis
ahijaron

Futuro imperfecto

ahijaré
ahijarás
ahijará
ahijaremos
ahijaréis
ahijarán

Condicional simple

ahijaría
ahijarías
ahijaría
ahijaríamos
ahijaríais
ahijarían

Tiempos compuestos:

Pretérito perfecto

he ahijado
has ahijado
ha ahijado
hemos ahijado
habéis ahijado
han ahijado

Pretérito pluscuamperfecto

había ahijado
habías ahijado
había ahijado
habíamos ahijado
habíais ahijado
habían ahijado

Pretérito anterior

hube ahijado
hubiste ahijado
hubo ahijado
hubimos ahijado
hubisteis ahijado
hubieron ahijado

Futuro perfecto

habré ahijado
habrás ahijado
habrá ahijado
habremos ahijado
habréis ahijado
habrán ahijado

Condicional compuesto

habría ahijado
habrías ahijado
habría ahijado
habríamos ahijado
habríais ahijado
habrían ahijado

MODO SUBJUNTIVO

Tiempos simples:

Presente

ahíje
ahíjes
ahíje
ahijemos
ahijéis
ahíjen

Pretérito imperfecto

ahijase	*o*	-ara
ahijases	*o*	-aras
ahijase	*o*	-ara
ahijásemos	*o*	-áramos
ahijaseis	*o*	-arais
ahijasen	*o*	-aran

Futuro imperfecto

ahijare
ahijares
ahijare
ahijáremos
ahijareis
ahijaren

Tiempos compuestos:

Pretérito perfecto

haya	ahijado
hayas	ahijado
haya	ahijado
hayamos	ahijado
hayáis	ahijado
hayan	ahijado

Pretérito pluscuamperfecto

hubiese	*o*	-iera	ahijado
hubieses	*o*	-ieras	"
hubiese	*o*	-iera	"
hubiésemos	*o*	-iéramos	"
hubieseis	*o*	-ierais	"
hubiesen	*o*	-ieran	"

Futuro perfecto

hubiere	ahijado
hubieres	ahijado
hubiere	ahijado
hubiéremos	ahijado
hubiereis	ahijado
hubieren	ahijado

MODO IMPERATIVO

Presente

ahíja
ahijad

Formas no personales

Simples:

Infinitivo: ahijar
Gerundio: ahijando
Participio: ahijado

Compuestas:

Infinitivo: haber ahijado
Gerundio habiendo ahijado

MODO INDICATIVO

Tiempos simples:

Presente

ahúmo
ahúmas
ahúma
ahumamos
ahumáis
ahúman

Pretérito imperfecto

ahumaba
ahumabas
ahumaba
ahumábamos
ahumabais
ahumaban

Pretérito perfecto simple

ahumé
ahumaste
ahumó
ahumamos
ahumasteis
ahumaron

Futuro imperfecto

ahumaré
ahumarás
ahumará
ahumaremos
ahumaréis
ahumarán

Condicional simple

ahumaría
ahumarías
ahumaría
ahumaríamos
ahumaríais
ahumarían

Tiempos compuestos:

Pretérito perfecto

he ahumado
has ahumado
ha ahumado
hemos ahumado
habéis ahumado
han ahumado

Pretérito pluscuamperfecto

había ahumado
habías ahumado
había ahumado
habíamos ahumado
habíais ahumado
habían ahumado

Pretérito anterior

hube ahumado
hubiste ahumado
hubo ahumado
hubimos ahumado
hubisteis ahumado
hubieron ahumado

Futuro perfecto

habré ahumado
habrás ahumado
habrá ahumado
habremos ahumado
habréis ahumado
habrán ahumado

Condicional compuesto

habría ahumado
habrías ahumado
habría ahumado
habríamos ahumado
habríais ahumado
habrían ahumado

MODO SUBJUNTIVO

Tiempos simples:		Tiempos compuestos:	
Presente		*Pretérito perfecto*	
ahúme		haya	ahumado
ahúmes		hayas	ahumado
ahúme		haya	ahumado
ahumemos		hayamos	ahumado
ahuméis		hayáis	ahumado
ahúmen		hayan	ahumado
Pretérito imperfecto		*Pretérito pluscuamperfecto*	
ahumase	*o* -ara	hubiese *o* -iera	ahumado
ahumases	*o* -aras	hubieses *o* -ieras	"
ahumase	*o* -ara	hubiese *o* -iera	"
ahumásemos	*o* -áramos	hubiésemos *o* -iéramos	"
ahumaseis	*o* -arais	hubieseis *o* -ierais	"
ahumasen	*o* -aran	hubiesen *o* -ieran	"
Futuro imperfecto		*Futuro perfecto*	
ahumare		hubiere	ahumado
ahumares		hubieres	ahumado
ahumare		hubiere	ahumado
ahumáremos		hubiéremos	ahumado
ahumareis		hubiereis	ahumado
ahumaren		hubieren	ahumado

MODO IMPERATIVO

Presente

ahúma
ahumad

Formas no personales

Simples:		Compuestas:		
Infinitivo:	ahumar	*Infinitivo:*	haber	ahumado
Gerundio:	ahumando	*Gerundio*	habiendo	ahumado
Participio:	ahumado			

13 AISLAR

MODO INDICATIVO

Tiempos simples:

Presente

aíslo
aíslas
aísla
aislamos
aisláis
aíslan

Pretérito imperfecto

aislaba
aislabas
aislaba
aislábamos
aislabais
aislaban

Pretérito perfecto simple

aislé
aislaste
aisló
aislamos
aislasteis
aislaron

Futuro imperfecto

aislaré
aislarás
aislará
aislaremos
aislaréis
aislarán

Condicional simple

aislaría
aislarías
aislaría
aislaríamos
aislaríais
aislarían

Tiempos compuestos:

Pretérito perfecto

he aislado
has aislado
ha aislado
hemos aislado
habéis aislado
han aislado

Pretérito pluscuamperfecto

había aislado
habías aislado
había aislado
habíamos aislado
habíais aislado
habían aislado

Pretérito anterior

hube aislado
hubiste aislado
hubo aislado
hubimos aislado
hubisteis aislado
hubieron aislado

Futuro perfecto

habré aislado
habrás aislado
habrá aislado
habremos aislado
habréis aislado
habrán aislado

Condicional compuesto

habría aislado
habrías aislado
habría aislado
habríamos aislado
habríais aislado
habrían aislado

MODO SUBJUNTIVO

Tiempos simples:			Tiempos compuestos:			
Presente			*Pretérito perfecto*			
aísle			haya	aislado		
aísles			hayas	aislado		
aísle			haya	aislado		
aislemos			hayamos	aislado		
aisléis			hayáis	aislado		
aíslen			hayan	aislado		
Pretérito imperfecto			*Pretérito pluscuamperfecto*			
aislase	*o*	-ara	hubiese	*o*	-iera	aislado
aislases	*o*	-aras	hubieses	*o*	-ieras	"
aislase	*o*	-ara	hubiese	*o*	-iera	"
aislásemos	*o*	-áramos	hubiésemos	*o*	-iéramos	"
aislaseis	*o*	-arais	hubieseis	*o*	-ierais	"
aislasen	*o*	-aran	hubiesen	*o*	-ieran	"
Futuro imperfecto			*Futuro perfecto*			
aislare			hubiere	aislado		
aislares			hubieres	aislado		
aislare			hubiere	aislado		
aisláremos			hubiéremos	aislado		
aislareis			hubiereis	aislado		
aislaren			hubieren	aislado		

MODO IMPERATIVO

Presente

aísla
aislad

Formas no personales

Simples:		Compuestas:		
Infinitivo:	aislar	*Infinitivo:*	haber	aislado
Gerundio:	aislando	*Gerundio*	habiendo	aislado
Participio:	aislado			

14 ALENTAR

MODO INDICATIVO

Tiempos simples:

Presente

aliento
alientas
alienta
alentamos
alentáis
alientan

Pretérito imperfecto

alentaba
alentabas
alentaba
alentábamos
alentabais
alentaban

Pretérito perfecto simple

alenté
alentaste
alentó
alentamos
alentasteis
alentaron

Futuro imperfecto

alentaré
alentarás
alentará
alentaremos
alentaréis
alentarán

Condicional simple

alentaría
alentarías
alentaría
alentaríamos
alentaríais
alentarían

Tiempos compuestos:

Pretérito perfecto

he alentado
has alentado
ha alentado
hemos alentado
habéis alentado
han alentado

Pretérito pluscuamperfecto

había alentado
habías alentado
había alentado
habíamos alentado
habíais alentado
habían alentado

Pretérito anterior

hube alentado
hubiste alentado
hubo alentado
hubimos alentado
hubisteis alentado
hubieron alentado

Futuro perfecto

habré alentado
habrás alentado
habrá alentado
habremos alentado
habréis alentado
habrán alentado

Condicional compuesto

habría alentado
habrías alentado
habría alentado
habríamos alentado
habríais alentado
habrían alentado

MODO SUBJUNTIVO

Tiempos simples:

Presente

aliente
alientes
aliente
alentemos
alentéis
alienten

Pretérito imperfecto

alentase	*o*	-ara
alentases	*o*	-aras
alentase	*o*	-ara
alentásemos	*o*	-áramos
alentaseis	*o*	-arais
alentasen	*o*	-aran

Futuro imperfecto

alentare
alentares
alentare
alentáremos
alentareis
alentaren

Tiempos compuestos:

Pretérito perfecto

haya	alentado
hayas	alentado
haya	alentado
hayamos	alentado
hayáis	alentado
hayan	alentado

Pretérito pluscuamperfecto

hubiese	*o*	-iera	alentado
hubieses	*o*	-ieras	"
hubiese	*o*	-iera	"
hubiésemos	*o*	-iéramos	"
hubieseis	*o*	-ierais	"
hubiesen	*o*	-ieran	"

Futuro perfecto

hubiere	alentado
hubieres	alentado
hubiere	alentado
hubiéremos	alentado
hubiereis	alentado
hubieren	alentado

MODO IMPERATIVO

Presente

alienta
alentad

Formas no personales

Simples:

Infinitivo: alentar
Gerundio: alentando
Participio: alentado

Compuestas:

Infinitivo: haber alentado
Gerundio habiendo alentado

15 ALINEAR

Formas personales

MODO INDICATIVO

Tiempos simples:

Presente

alineo
alineas
alinea
alineamos
alineáis
alinean

Pretérito imperfecto

alineaba
alineabas
alineaba
alineábamos
alineabais
alineaban

Pretérito perfecto simple

alineé
alineaste
alineó
alineamos
alineasteis
alinearon

Futuro imperfecto

alinearé
alinearás
alineará
alinearemos
alinearéis
alinearán

Condicional simple

alinearía
alinearías
alinearía
alinearíamos
alinearíais
alinearían

Tiempos compuestos:

Pretérito perfecto

he alineado
has alineado
ha alineado
hemos alineado
habéis alineado
han alineado

Pretérito pluscuamperfecto

había alineado
habías alineado
había alineado
habíamos alineado
habíais alineado
habían alineado

Pretérito anterior

hube alineado
hubiste alineado
hubo alineado
hubimos alineado
hubisteis alineado
hubieron alineado

Futuro perfecto

habré alineado
habrás alineado
habrá alineado
habremos alineado
habréis alineado
habrán alineado

Condicional compuesto

habría alineado
habrías alineado
habría alineado
habríamos alineado
habríais alineado
habrían alineado

MODO SUBJUNTIVO

Tiempos simples:

Presente

alinee
alinees
alinee
alineemos
alineéis
alineen

Pretérito imperfecto

alinease	*o*	-ara
alineases	*o*	-aras
alinease	*o*	-ara
alineásemos	*o*	-áramos
alineaseis	*o*	-arais
alineasen	*o*	-aran

Futuro imperfecto

alineare
alineares
alineare
alineáremos
alineareis
alinearen

Tiempos compuestos:

Pretérito perfecto

haya	alineado
hayas	alineado
haya	alineado
hayamos	alineado
hayáis	alineado
hayan	alineado

Pretérito pluscuamperfecto

hubiese	*o*	-iera	alineado
hubieses	*o*	-ieras	"
hubiese	*o*	-iera	"
hubiésemos	*o*	-iéramos	"
hubieseis	*o*	-ierais	"
hubiesen	*o*	-ieran	"

Futuro perfecto

hubiere	alineado
hubieres	alineado
hubiere	alineado
hubiéremos	alineado
hubiereis	alineado
hubieren	alineado

MODO IMPERATIVO

Presente

alinea
alinead

Formas no personales

Simples:

Infinitivo: alinear
Gerundio: alineando
Participio: alineado

Compuestas:

Infinitivo: haber alineado
Gerundio habiendo alineado

MODO INDICATIVO

Tiempos simples:

Presente

amaino
amainas
amaina
amainamos
amaináis
amainan

Pretérito imperfecto

amainaba
amainabas
amainaba
amaínábamos
amainabais
amainaban

Pretérito perfecto simple

amainé
amainaste
amainó
amainamos
amainasteis
amainaron

Futuro imperfecto

amainaré
amainarás
amainará
amainaremos
amainaréis
amainarán

Condicional simple

amainaría
amainarías
amainaría
amainaríamos
amainaríais
amainarían

Tiempos compuestos:

Pretérito perfecto

he amainado
has amainado
ha amainado
hemos amainado
habéis amainado
han amainado

Pretérito pluscuamperfecto

había amainado
habías amainado
había amainado
habíamos amainado
habíais amainado
habían amainado

Pretérito anterior

hube amainado
hubiste amainado
hubo amainado
hubimos amainado
hubisteis amainado
hubieron amainado

Futuro perfecto

habré amainado
habrás amainado
habrá amainado
habremos amainado
habréis amainado
habrán amainado

Condicional compuesto

habría amainado
habrías amainado
habría amainado
habríamos amainado
habríais amainado
habrían amainado

MODO SUBJUNTIVO

Tiempos simples:

Presente

amaine
amaines
amaine
amainemos
amainéis
amainen

Pretérito imperfecto

amainase	*o*	-ara
amainases	*o*	-aras
amainase	*o*	-ara
amainásemos	*o*	-áramos
amainaseis	*o*	-arais
amainasen	*o*	-aran

Futuro imperfecto

amainare
amainares
amainare
amaináremos
amainareis
amainaren

Tiempos compuestos:

Pretérito perfecto

haya	amainado
hayas	amainado
haya	amainado
hayamos	amainado
hayáis	amainado
hayan	amainado

Pretérito pluscuamperfecto

hubiese	*o*	-iera	amainado
hubieses	*o*	-ieras	"
hubiese	*o*	-iera	"
hubiésemos	*o*	-iéramos	"
hubieseis	*o*	-ierais	"
hubiesen	*o*	-ieran	"

Futuro perfecto

hubiere	amainado
hubieres	amainado
hubiere	amainado
hubiéremos	amainado
hubiereis	amainado
hubieren	amainado

MODO IMPERATIVO

Presente

amaina
amainad

Formas no personales

Simples:

Infinitivo: amainar
Gerundio: amainando
Participio: amainado

Compuestas:

Infinitivo: haber amainado
Gerundio habiendo amainado

MODO INDICATIVO

Tiempos simples:	Tiempos compuestos:
Presente	*Pretérito perfecto*
am**o**	he amado
am**as**	has amado
am**a**	ha amado
am**amos**	hemos amado
am**áis**	habéis amado
am**an**	han amado
Pretérito imperfecto	*Pretérito pluscuamperfecto*
am**aba**	había amado
am**abas**	habías amado
am**aba**	había amado
am**ábamos**	habíamos amado
am**abais**	habíais amado
am**aban**	habían amado
Pretérito perfecto simple	*Pretérito anterior*
am**é**	hube amado
am**aste**	hubiste amado
am**ó**	hubo amado
am**amos**	hubimos amado
am**asteis**	hubisteis amado
am**aron**	hubieron amado
Futuro imperfecto	*Futuro perfecto*
am**aré**	habré amado
am**arás**	habrás amado
am**ará**	habrá amado
am**aremos**	habremos amado
am**aréis**	habréis amado
am**arán**	habrán amado
Condicional simple	*Condicional compuesto*
am**aría**	habría amado
am**arías**	habrías amado
am**aría**	habría amado
am**aríamos**	habríamos amado
am**aríais**	habríais amado
am**arían**	habrían amado

MODO SUBJUNTIVO

Tiempos simples:

Presente

am**e**
am**es**
am**e**
am**emos**
am**éis**
am**en**

Pretérito imperfecto

am**ase**	*o*	**-ara**
am**ases**	*o*	**-aras**
am**ase**	*o*	**-ara**
am**ásemos**	*o*	**-áramos**
am**aseis**	*o*	**-arais**
am**asen**	*o*	**-aran**

Futuro imperfecto

am**are**
am**ares**
am**are**
am**áremos**
am**areis**
am**aren**

Tiempos compuestos:

Pretérito perfecto

haya	amado
hayas	amado
haya	amado
hayamos	amado
hayáis	amado
hayan	amado

Pretérito pluscuamperfecto

hubiese	*o*	-iera	amado
hubieses	*o*	-ieras	"
hubiese	*o*	-iera	"
hubiésemos	*o*	-iéramos	"
hubieseis	*o*	-ierais	"
hubiesen	*o*	-ieran	"

Futuro perfecto

hubiere	amado
hubieres	amado
hubiere	amado
hubiéremos	amado
hubiereis	amado
hubieren	amado

MODO IMPERATIVO

Presente

am**a**
am**ad**

Formas no personales

Simples:

Infinitivo: am**ar**
Gerundio: am**ando**
Participio: am**ado**

Compuestas:

Infinitivo: haber amado
Gerundio habiendo amado

MODO INDICATIVO

Tiempos simples:

Presente

ando
andas
anda
andamos
andáis
andan

Pretérito imperfecto

andaba
andabas
andaba
andábamos
andabais
andaban

Pretérito perfecto simple

anduve
anduviste
anduvo
anduvimos
anduvisteis
anduvieron

Futuro imperfecto

andaré
andarás
andará
andaremos
andaréis
andarán

Condicional simple

andaría
andarías
andaría
andaríamos
andaríais
andarían

Tiempos compuestos:

Pretérito perfecto

he	andado
has	andado
ha	andado
hemos	andado
habéis	andado
han	andado

Pretérito pluscuamperfecto

había	andado
habías	andado
había	andado
habíamos	andado
habíais	andado
habían	andado

Pretérito anterior

hube	andado
hubiste	andado
hubo	andado
hubimos	andado
hubisteis	andado
hubieron	andado

Futuro perfecto

habré	andado
habrás	andado
habrá	andado
habremos	andado
habréis	andado
habrán	andado

Condicional compuesto

habría	andado
habrías	andado
habría	andado
habríamos	andado
habríais	andado
habrían	andado

MODO SUBJUNTIVO

Tiempos simples:		Tiempos compuestos:	
Presente		*Pretérito perfecto*	
ande		haya	andado
andes		hayas	andado
ande		haya	andado
andemos		hayamos	andado
andéis		hayáis	andado
anden		hayan	andado

Pretérito imperfecto

anduviese	*o*	-uviera
anduvieses	*o*	-uvieras
anduviese	*o*	-uviera
anduviésemos	*o*	-uviéramos
anduvieseis	*o*	-uvierais
anduviesen	*o*	-uvieran

Pretérito pluscuamperfecto

hubiese	*o*	-iera	andado
hubieses	*o*	-ieras	"
hubiese	*o*	-iera	"
hubiésemos	*o*	-iéramos	"
hubieseis	*o*	-ierais	"
hubiesen	*o*	-ieran	"

Futuro imperfecto	*Futuro perfecto*	
anduviere	hubiere	andado
anduvieres	hubieres	andado
anduviere	hubiere	andado
anduviéremos	hubiéremos	andado
anduviereis	hubiereis	andado
anduvieren	hubieren	andado

MODO IMPERATIVO

Presente

anda
andad

Formas no personales

Simples:

Infinitivo: andar
Gerundio: andando
Participio: andado

Compuestas:

Infinitivo: haber andado
Gerundio habiendo andado

19 ANUNCIAR

MODO INDICATIVO

Tiempos simples:

Presente

anuncio
anuncias
anuncia
anunciamos
anunciáis
anuncian

Pretérito imperfecto

anunciaba
anunciabas
anunciaba
anunciábamos
anunciabais
anunciaban

Pretérito perfecto simple

anuncié
anunciaste
anunció
anunciamos
anunciasteis
anunciaron

Futuro imperfecto

anunciaré
anunciarás
anunciará
anunciaremos
anunciaréis
anunciarán

Condicional simple

anunciaría
anunciarías
anunciaría
anunciaríamos
anunciaríais
anunciarían

Tiempos compuestos:

Pretérito perfecto

he anunciado
has anunciado
ha anunciado
hemos anunciado
habéis anunciado
han anunciado

Pretérito pluscuamperfecto

había anunciado
habías anunciado
había anunciado
habíamos anunciado
habíais anunciado
habían anunciado

Pretérito anterior

hube anunciado
hubiste anunciado
hubo anunciado
hubimos anunciado
hubisteis anunciado
hubieron anunciado

Futuro perfecto

habré anunciado
habrás anunciado
habrá anunciado
habremos anunciado
habréis anunciado
habrán anunciado

Condicional compuesto

habría anunciado
habrías anunciado
habría anunciado
habríamos anunciado
habríais anunciado
habrían anunciado

MODO SUBJUNTIVO

Tiempos simples:

Presente

anuncie
anuncies
anuncie
anunciemos
anunciéis
anuncien

Pretérito imperfecto

anunciase	*o*	-ara
anunciases	*o*	-aras
anunciase	*o*	-ara
anunciásemos	*o*	-áramos
anunciaseis	*o*	-arais
anunciasen	*o*	-aran

Futuro imperfecto

anunciare
anunciares
anunciare
anunciáremos
anunciareis
anunciaren

Tiempos compuestos:

Pretérito perfecto

haya	anunciado
hayas	anunciado
haya	anunciado
hayamos	anunciado
hayáis	anunciado
hayan	anunciado

Pretérito pluscuamperfecto

hubiese	*o*	-iera	anunciado
hubieses	*o*	-ieras	"
hubiese	*o*	-iera	"
hubiésemos	*o*	-iéramos	"
hubieseis	*o*	-ierais	"
hubiesen	*o*	-ieran	"

Futuro perfecto

hubiere	anunciado
hubieres	anunciado
hubiere	anunciado
hubiéremos	anunciado
hubiereis	anunciado
hubieren	anunciado

MODO IMPERATIVO

Presente

anuncia
anunciad

Formas no personales

Simples:

Infinitivo: anunciar
Gerundio: anunciando
Participio: anunciado

Compuestas:

Infinitivo: haber anunciado
Gerundio habiendo anunciado

MODO INDICATIVO

Tiempos simples:

Presente

aparezco
apareces
aparece
aparecemos
aparecéis
aparecen

Pretérito imperfecto

aparecía
aparecías
aparecía
aparecíamos
aparecíais
aparecían

Pretérito perfecto simple

aparecí
apareciste
apareció
aparecimos
aparecisteis
aparecieron

Futuro imperfecto

apareceré
aparecerás
aparecerá
apareceremos
apareceréis
aparecerán

Condicional simple

aparecería
aparecerías
aparecería
apareceríamos
apareceríais
aparecerían

Tiempos compuestos:

Pretérito perfecto

he aparecido
has aparecido
ha aparecido
hemos aparecido
habéis aparecido
han aparecido

Pretérito pluscuamperfecto

había aparecido
habías aparecido
había aparecido
habíamos aparecido
habíais aparecido
habían aparecido

Pretérito anterior

hube aparecido
hubiste aparecido
hubo aparecido
hubimos aparecido
hubisteis aparecido
hubieron aparecido

Futuro perfecto

habré aparecido
habrás aparecido
habrá aparecido
habremos aparecido
habréis aparecido
habrán aparecido

Condicional compuesto

habría aparecido
habrías aparecido
habría aparecido
habríamos aparecido
habríais aparecido
habrían aparecido

MODO SUBJUNTIVO

Tiempos simples:		Tiempos compuestos:	
Presente		*Pretérito perfecto*	
aparezca		haya	aparecido
aparezcas		hayas	aparecido
aparezca		haya	aparecido
aparezcamos		hayamos	aparecido
aparezcáis		hayáis	aparecido
aparezcan		hayan	aparecido
Pretérito imperfecto		*Pretérito pluscuamperfecto*	
apareciese	*o* -iera	hubiese *o* -iera	aparecido
aparecieses	*o* -ieras	hubieses *o* -ieras	"
apareciese	*o* -iera	hubiese *o* -iera	"
apareciésemos	*o* -iéramos	hubiésemos *o* -iéramos	"
aparecieseis	*o* -ierais	hubieseis *o* -ierais	"
apareciesen	*o* -ieran	hubiesen *o* -ieran	"
Futuro imperfecto		*Futuro perfecto*	
apareciere		hubiere	aparecido
aparecieres		hubieres	aparecido
apareciere		hubiere	aparecido
apareciéremos		hubiéremos	aparecido
apareciereis		hubiereis	aparecido
aparecieren		hubieren	aparecido

MODO IMPERATIVO

Presente

aparece
apareced

Formas no personales

Simples:		Compuestas:		
Infinitivo:	aparecer	*Infinitivo:*	haber	aparecido
Gerundio:	apareciendo	*Gerundio*	habiendo	aparecido
Participio:	aparecido			

MODO INDICATIVO

Tiempos simples:

Presente

asgo
ases
ase
asimos
asís
asen

Pretérito imperfecto

asía
asías
asía
asíamos
asíais
asían

Pretérito perfecto simple

así
asiste
asió
asimos
asisteis
asieron

Futuro imperfecto

asiré
asirás
asirá
asiremos
asiréis
asirán

Condicional simple

asiría
asirías
asiría
asiríamos
asiríais
asirían

Tiempos compuestos:

Pretérito perfecto

he asido
has asido
ha asido
hemos asido
habéis asido
han asido

Pretérito pluscuamperfecto

había asido
habías asido
había asido
habíamos asido
habíais asido
habían asido

Pretérito anterior

hube asido
hubiste asido
hubo asido
hubimos asido
hubisteis asido
hubieron asido

Futuro perfecto

habré asido
habrás asido
habrá asido
habremos asido
habréis asido
habrán asido

Condicional compuesto

habría asido
habrías asido
habría asido
habríamos asido
habríais asido
habrían asido

MODO SUBJUNTIVO

Tiempos simples:			Tiempos compuestos:			
Presente			*Pretérito perfecto*			
asga			haya	asido		
asgas			hayas	asido		
asga			haya	asido		
asgamos			hayamos	asido		
asgáis			hayáis	asido		
asgan			hayan	asido		
Pretérito imperfecto			*Pretérito pluscuamperfecto*			
asiese	*o*	-iera	hubiese	*o*	-iera	asido
asieses	*o*	-ieras	hubieses	*o*	-ieras	"
asiese	*o*	-iera	hubiese	*o*	-iera	"
asiésemos	*o*	-iéramos	hubiésemos	*o*	-iéramos	"
asieseis	*o*	-ierais	hubieseis	*o*	-ierais	"
asiesen	*o*	-ieran	hubiesen	*o*	-ieran	"
Futuro imperfecto			*Futuro perfecto*			
asiere			hubiere	asido		
asieres			hubieres	asido		
asiere			hubiere	asido		
asiéremos			hubiéremos	asido		
asiereis			hubiereis	asido		
asieren			hubieren	asido		

MODO IMPERATIVO

Presente

ase
asid

Formas no personales

Simples:		Compuestas:		
Infinitivo:	asir	*Infinitivo:*	haber	asido
Gerundio:	asiendo	*Gerundio*	habiendo	asido
Participio:	asido			

MODO INDICATIVO

Tiempos simples:

Presente

asumo
asumes
asume
asumimos
asumís
asumen

Pretérito imperfecto

asumía
asumías
asumía
asumíamos
asumíais
asumían

Pretérito perfecto simple

asumí
asumiste
asumió
asumimos
asumisteis
asumieron

Futuro imperfecto

asumiré
asumirás
asumirá
asumiremos
asumiréis
asumirán

Condicional simple

asumiría
asumirías
asumiría
asumiríamos
asumiríais
asumirían

Tiempos compuestos:

Pretérito perfecto

he asumido
has asumido
ha asumido
hemos asumido
habéis asumido
han asumido

Pretérito pluscuamperfecto

había asumido
habías asumido
había asumido
habíamos asumido
habíais asumido
habían asumido

Pretérito anterior

hube asumido
hubiste asumido
hubo asumido
hubimos asumido
hubisteis asumido
hubieron asumido

Futuro perfecto

habré asumido
habrás asumido
habrá asumido
habremos asumido
habréis asumido
habrán asumido

Condicional compuesto

habría asumido
habrías asumido
habría asumido
habríamos asumido
habríais asumido
habrían asumido

MODO SUBJUNTIVO

Tiempos simples:

Presente

asuma
asumas
asuma
asumamos
asumáis
asuman

Pretérito imperfecto

asumiese	*o*	-iera
asumieses	*o*	-ieras
asumiese	*o*	-iera
asumiésemos	*o*	-iéramos
asumieseis	*o*	-ierais
asumiesen	*o*	-ieran

Futuro imperfecto

asumiere
asumieres
asumiere
asumiéremos
asumiereis
asumieren

Tiempos compuestos:

Pretérito perfecto

haya	asumido
hayas	asumido
haya	asumido
hayamos	asumido
hayáis	asumido
hayan	asumido

Pretérito pluscuamperfecto

hubiese	*o*	-iera	asumido
hubieses	*o*	-ieras	"
hubiese	*o*	-iera	"
hubiésemos	*o*	-iéramos	"
hubieseis	*o*	-ierais	"
hubiesen	*o*	-ieran	"

Futuro perfecto

hubiere	asumido
hubieres	asumido
hubiere	asumido
hubiéremos	asumido
hubiereis	asumido
hubieren	asumido

MODO IMPERATIVO

Presente

asume
asumid

Formas no personales

Simples:

Infinitivo: asumir
Gerundio: asumiendo
Participio: asumido (o asunto)

Compuestas:

Infinitivo: haber asumido
Gerundio habiendo asumido

23 ATAÑER (defectivo)

MODO INDICATIVO

Tiempos simples:

Presente

—
—
atañe
—
—
atañen

Pretérito imperfecto

—
—
atañía
—
—
atañían

Pretérito perfecto simple

—
—
atañó
—
—
atañeron

Futuro imperfecto

—
—
atañerá
—
—
atañerán

Condicional simple

—
—
atañería
—
—
atañerían

Tiempos compuestos:

Pretérito perfecto

—
—
ha atañido
—
—
han atañido

Pretérito pluscuamperfecto

—
—
había atañido
—
—
habían atañido

Pretérito anterior

—
—
hubo atañido
—
—
hubieron atañido

Futuro perfecto

—
—
habrá atañido
—
—
habrán atañido

Condicional compuesto

—
—
habría atañido
—
—
habrían atañido

MODO SUBJUNTIVO

Tiempos simples:			Tiempos compuestos:			
Presente			*Pretérito perfecto*			
—			—			
—			—			
ataña			haya	atañido		
—			—			
—			—			
atañan			hayan	atañido		
Pretérito imperfecto			*Pretérito pluscuamperfecto*			
—			—			
—			—			
atañese	*o*	-era	hubiese	*o*	-iera	atañido
—			—			
—			—			
atañesen	*o*	-eran	hubiesen	*o*	-ieran	atañido
Futuro imperfecto			*Futuro perfecto*			
—			—			
—			—			
atañere			hubiere	atañido		
—			—			
—			—			
atañeren			hubieren	atañido		

MODO IMPERATIVO

Presente

(no tiene)

Formas no personales

Simples:		Compuestas:		
Infinitivo:	atañer	*Infinitivo:*	haber	atañido
Gerundio:	atañendo	*Gerundio*	habiendo	atañido
Participio:	atañido			

24 ATENDER

Formas personales

MODO INDICATIVO

Tiempos simples:

Presente

atiendo
atiendes
atiende
atendemos
atendéis
atienden

Pretérito imperfecto

atendía
atendías
atendía
atendíamos
atendíais
atendían

Pretérito perfecto simple

atendí
atendiste
atendió
atendimos
atendisteis
atendieron

Futuro imperfecto

atenderé
atenderás
atenderá
atenderemos
atenderéis
atenderán

Condicional simple

atendería
atenderías
atendería
atenderíamos
atenderíais
atenderían

Tiempos compuestos:

Pretérito perfecto

he atendido
has atendido
ha atendido
hemos atendido
habéis atendido
han atendido

Pretérito pluscuamperfecto

había atendido
habías atendido
había atendido
habíamos atendido
habíais atendido
habían atendido

Pretérito anterior

hube atendido
hubiste atendido
hubo atendido
hubimos atendido
hubisteis atendido
hubieron atendido

Futuro perfecto

habré atendido
habrás atendido
habrá atendido
habremos atendido
habréis atendido
habrán atendido

Condicional compuesto

habría atendido
habrías atendido
habría atendido
habríamos atendido
habríais atendido
habrían atendido

MODO SUBJUNTIVO

Tiempos simples:

Presente

atienda
atiendas
atienda
atendamos
atendáis
atiendan

Pretérito imperfecto

atendiese	*o*	-iera
atendieses	*o*	-ieras
atendiese	*o*	-iera
atendiésemos	*o*	-iéramos
atendieseis	*o*	-ierais
atendiesen	*o*	-ieran

Futuro imperfecto

atendiere
atendieres
atendiere
atendiéremos
atendiereis
atendieren

Tiempos compuestos:

Pretérito perfecto

haya	atendido
hayas	atendido
haya	atendido
hayamos	atendido
hayáis	atendido
hayan	atendido

Pretérito pluscuamperfecto

hubiese	*o*	-iera	atendido
hubieses	*o*	-ieras	"
hubiese	*o*	-iera	"
hubiésemos	*o*	-iéramos	"
hubieseis	*o*	-ierais	"
hubiesen	*o*	-ieran	"

Futuro perfecto

hubiere	atendido
hubieres	atendido
hubiere	atendido
hubiéremos	atendido
hubiereis	atendido
hubieren	atendido

MODO IMPERATIVO

Presente

atiende
atended

Formas no personales

Simples:

Infinitivo: atender
Gerundio: atendiendo
Participio: atendido (o atento)

Compuestas:

Infinitivo: haber atendido
Gerundio habiendo atendido

MODO INDICATIVO

Tiempos simples:

Presente

aúno
aúnas
aúna
aunamos
aunáis
aúnan

Pretérito imperfecto

aunaba
aunabas
aunaba
aunábamos
aunabais
aunaban

Pretérito perfecto simple

auné
aunaste
aunó
aunamos
aunasteis
aunaron

Futuro imperfecto

aunaré
aunarás
aunará
aunaremos
aunaréis
aunarán

Condicional simple

aunaría
aunarías
aunaría
aunaríamos
aunaríais
aunarían

Tiempos compuestos:

Pretérito perfecto

he aunado
has aunado
ha aunado
hemos aunado
habéis aunado
han aunado

Pretérito pluscuamperfecto

había aunado
habías aunado
había aunado
habíamos aunado
habíais aunado
habían aunado

Pretérito anterior

hube aunado
hubiste aunado
hubo aunado
hubimos aunado
hubisteis aunado
hubieron aunado

Futuro perfecto

habré aunado
habrás aunado
habrá aunado
habremos aunado
habréis aunado
habrán aunado

Condicional compuesto

habría aunado
habrías aunado
habría aunado
habríamos aunado
habríais aunado
habrían aunado

MODO SUBJUNTIVO

Tiempos simples:

Presente

aúne
aúnes
aúne
aunemos
aunéis
aúnen

Pretérito imperfecto

aunase	*o*	-ara
aunases	*o*	-aras
aunase	*o*	-ara
aunásemos	*o*	-áramos
aunaseis	*o*	-arais
aunasen	*o*	-aran

Futuro imperfecto

aunare
aunares
aunare
aunáremos
aunareis
aunaren

Tiempos compuestos:

Pretérito perfecto

haya	aunado
hayas	aunado
haya	aunado
hayamos	aunado
hayáis	aunado
hayan	aunado

Pretérito pluscuamperfecto

hubiese	*o*	-iera	aunado
hubieses	*o*	-ieras	"
hubiese	*o*	-iera	"
hubiésemos	*o*	-iéramos	"
hubieseis	*o*	-ierais	"
hubiesen	*o*	-ieran	"

Futuro perfecto

hubiere	aunado
hubieres	aunado
hubiere	aunado
hubiéremos	aunado
hubiereis	aunado
hubieren	aunado

MODO IMPERATIVO

Presente

aúna
aunad

Formas no personales

Simples:

Infinitivo: aunar
Gerundio: aunando
Participio: aunado

Compuestas:

Infinitivo: haber aunado
Gerundio habiendo aunado

MODO INDICATIVO

Tiempos simples:

Presente

—
balbuces
balbuce
balbucimos
balbucís
balbucen

Pretérito imperfecto

balbucía
balbucías
balbucía
balbucíamos
balbucíais
balbucían

Pretérito perfecto simple

balbucí
balbuciste
balbució
balbucimos
balbucisteis
balbucieron

Futuro imperfecto

balbuciré
balbucirás
balbucirá
balbuciremos
balbuciréis
balbucirán

Condicional simple

balbuciría
balbucirías
balbuciría
balbuciríamos
balbuciríais
balbucirían

Tiempos compuestos:

Pretérito perfecto

he balbucido
has balbucido
ha balbucido
hemos balbucido
habéis balbucido
han balbucido

Pretérito pluscuamperfecto

había balbucido
habías balbucido
había balbucido
habíamos balbucido
habíais balbucido
habían balbucido

Pretérito anterior

hube balbucido
hubiste balbucido
hubo balbucido
hubimos balbucido
hubisteis balbucido
hubieron balbucido

Futuro perfecto

habré balbucido
habrás balbucido
habrá balbucido
habremos balbucido
habréis balbucido
habrán balbucido

Condicional compuesto

habría balbucido
habrías balbucido
habría balbucido
habríamos balbucido
habríais balbucido
habrían balbucido

MODO SUBJUNTIVO

Tiempos simples:

Presente

(carece)

Pretérito imperfecto

balbuciese	*o*	-iera
balbucieses	*o*	-ieras
balbuciese	*o*	-iera
balbuciésemos	*o*	-iéramos
balbucieseis	*o*	-ierais
balbuciesen	*o*	-ieran

Futuro imperfecto

balbuciere
balbucieres
balbuciere
balbuciéremos
balbucereis
balbucieren

Tiempos compuestos:

Pretérito perfecto

haya	balbucido
hayas	balbucido
haya	balbucido
hayamos	balbucido
hayáis	balbucido
hayan	balbucido

Pretérito pluscuamperfecto

hubiese	*o*	-iera	balbucido
hubieses	*o*	-ieras	"
hubiese	*o*	-iera	"
hubiésemos	*o*	-iéramos	"
hubieseis	*o*	-ierais	"
hubiesen	*o*	-ieran	"

Futuro perfecto

hubiere	balbucido
hubieres	balbucido
hubiere	balbucido
hubiéremos	balbucido
hubiereis	balbucido
hubieren	balbucido

MODO IMPERATIVO

Presente

balbuce
balbucid

Formas no personales

Simples:

Infinitivo: balbucir
Gerundio: balbuciendo
Participio: balbucido

Compuestas:

Infinitivo: haber balbucido
Gerundio habiendo balbucido

27 BENDECIR

MODO INDICATIVO

Tiempos simples:

Presente

bendigo
bendices
bendice
bendecimos
bendecís
bendicen

Pretérito imperfecto

bendecía
bendecías
bendecía
bendecíamos
bendecíais
bendecían

Pretérito perfecto simple

bendije
bendijiste
bendijo
bendijimos
bendijisteis
bendijeron

Futuro imperfecto

bendeciré
bendecirás
bendecirá
bendeciremos
bendeciréis
bendecirán

Condicional simple

bendeciría
bendecirías
bendeciría
bendeciríamos
bendeciríais
bendecirían

Tiempos compuestos:

Pretérito perfecto

he bendecido
has bendecido
ha bendecido
hemos bendecido
habéis bendecido
han bendecido

Pretérito pluscuamperfecto

había bendecido
habías bendecido
había bendecido
habíamos bendecido
habíais bendecido
habían bendecido

Pretérito anterior

hube bendecido
hubiste bendecido
hubo bendecido
hubimos bendecido
hubisteis bendecido
hubieron bendecido

Futuro perfecto

habré bendecido
habrás bendecido
habrá bendecido
habremos bendecido
habréis bendecido
habrán bendecido

Condicional compuesto

habría bendecido
habrías bendecido
habría bendecido
habríamos bendecido
habríais bendecido
habrían bendecido

MODO SUBJUNTIVO

Tiempos simples:			Tiempos compuestos:			
Presente			*Pretérito perfecto*			
bendiga			haya	bendecido		
bendigas			hayas	bendecido		
bendiga			haya	bendecido		
bendigamos			hayamos	bendecido		
bendigáis			hayáis	bendecido		
bendigan			hayan	bendecido		
Pretérito imperfecto			*Pretérito pluscuamperfecto*			
bendijese	*o*	-era	hubiese	*o*	-iera	bendecido
bendijeses	*o*	-eras	hubieses	*o*	-ieras	"
bendijese	*o*	-era	hubiese	*o*	-iera	"
bendijésemos	*o*	-éramos	hubiésemos	*o*	-iéramos	"
bendijeseis	*o*	-erais	hubieseis	*o*	-ierais	"
bendijesen	*o*	-eran	hubiesen	*o*	-ieran	"
Futuro imperfecto			*Futuro perfecto*			
bendijere			hubiere	bendecido		
bendijeres			hubieres	bendecido		
bendijere			hubiere	bendecido		
bendijéremos			hubiéremos	bendecido		
bendijereis			hubiereis	bendecido		
bendijeren			hubieren	bendecido		

MODO IMPERATIVO

Presente

bendice
bendecid

Formas no personales

Simples:		Compuestas:		
Infinitivo:	bendecir	*Infinitivo:*	haber	bendecido
Gerundio:	bendiciendo	*Gerundio*	habiendo	bendecido
Participio:	bendecido (o bendito)			

MODO INDICATIVO

Tiempos simples:

Presente

quepo
cabes
cabe
cabemos
cabéis
caben

Pretérito imperfecto

cabía
cabías
cabía
cabíamos
cabíais
cabían

Pretérito perfecto simple

cupe
cupiste
cupo
cupimos
cupisteis
cupieron

Futuro imperfecto

cabré
cabrás
cabrá
cabremos
cabréis
cabrán

Condicional simple

cabría
cabrías
cabría
cabríamos
cabríais
cabrían

Tiempos compuestos:

Pretérito perfecto

he cabido
has cabido
ha cabido
hemos cabido
habéis cabido
han cabido

Pretérito pluscuamperfecto

había cabido
habías cabido
había cabido
habíamos cabido
habíais cabido
habían cabido

Pretérito anterior

hube cabido
hubiste cabido
hubo cabido
hubimos cabido
hubisteis cabido
hubieron cabido

Futuro perfecto

habré cabido
habrás cabido
habrá cabido
habremos cabido
habréis cabido
habrán cabido

Condicional compuesto

habría cabido
habrías cabido
habría cabido
habríamos cabido
habríais cabido
habrían cabido

MODO SUBJUNTIVO

Tiempos simples:			Tiempos compuestos:			
Presente			*Pretérito perfecto*			
quepa			haya	cabido		
quepas			hayas	cabido		
quepa			haya	cabido		
quepamos			hayamos	cabido		
quepáis			hayáis	cabido		
quepan			hayan	cabido		
Pretérito imperfecto			*Pretérito pluscuamperfecto*			
cupiese	*o*	-iera	hubiese	*o*	-iera	cabido
cupieses	*o*	-ieras	hubieses	*o*	-ieras	"
cupiese	*o*	-iera	hubiese	*o*	-iera	"
cupiésemos	*o*	-iéramos	hubiésemos	*o*	-iéramos	"
cupieseis	*o*	-ierais	hubieseis	*o*	-ierais	"
cupiesen	*o*	-ieran	hubiesen	*o*	-ieran	"
Futuro imperfecto			*Futuro perfecto*			
cupiere			hubiere	cabido		
cupieres			hubieres	cabido		
cupiere			hubiere	cabido		
cupiéremos			hubiéremos	cabido		
cupiereis			hubiereis	cabido		
cupieren			hubieren	cabido		

MODO IMPERATIVO

Presente

cabe
cabed

Formas no personales

Simples:		Compuestas:		
Infinitivo:	caber	*Infinitivo:*	haber	cabido
Gerundio:	cabiendo	*Gerundio*	habiendo	cabido
Participio:	cabido			

MODO INDICATIVO

Tiempos simples:

Presente

caigo
caes
cae
caemos
caéis
caen

Pretérito imperfecto

caía
caías
caía
caíamos
caíais
caían

Pretérito perfecto simple

caí
caiste
cayó
caímos
caísteis
cayeron

Futuro imperfecto

caeré
caerás
caerá
caeremos
caeréis
caerán

Condicional simple

caería
caerías
caería
caeríamos
caeríais
caerían

Tiempos compuestos:

Pretérito perfecto

he caído
has caído
ha caído
hemos caído
habéis caído
han caído

Pretérito pluscuamperfecto

había caído
habías caído
había caído
habíamos caído
habíais caído
habían caído

Pretérito anterior

hube caído
hubiste caído
hubo caído
hubimos caído
hubisteis caído
hubieron caído

Futuro perfecto

habré caído
habrás caído
habrá caído
habremos caído
habréis caído
habrán caído

Condicional compuesto

habría caído
habrías caído
habría caído
habríamos caído
habríais caído
habrían caído

MODO SUBJUNTIVO

Tiempos simples:

Presente

caiga
caigas
caiga
caigamos
caigáis
caigan

Pretérito imperfecto

cayese	*o*	-yera
cayeses	*o*	-yeras
cayese	*o*	-yera
cayésemos	*o*	-yéramos
cayeseis	*o*	-yerais
cayesen	*o*	-yeran

Futuro imperfecto

cayere
cayeres
cayere
cayéremos
cayereis
cayeren

Tiempos compuestos:

Pretérito perfecto

haya	caído
hayas	caído
haya	caído
hayamos	caído
hayáis	caído
hayan	caído

Pretérito pluscuamperfecto

hubiese	*o*	-iera	caído
hubieses	*o*	-ieras	"
hubiese	*o*	-iera	"
hubiésemos	*o*	-iéramos	"
hubieseis	*o*	-ierais	"
hubiesen	*o*	-ieran	"

Futuro perfecto

hubiere	caído
hubieres	caído
hubiere	caído
hubiéremos	caído
hubiereis	caído
hubieren	caído

MODO IMPERATIVO

Presente

cae
caed

Formas no personales

Simples:

Infinitivo: caer
Gerundio: cayendo
Participio: caído

Compuestas:

Infinitivo: haber caído
Gerundio habiendo caído

MODO INDICATIVO

Tiempos simples:

Presente

ciño
ciñes
ciñe
ceñimos
ceñís
ciñen

Pretérito imperfecto

ceñía
ceñías
ceñía
ceñíamos
ceñíais
ceñían

Pretérito perfecto simple

ceñí
ceñiste
ciñó
ceñimos
ceñisteis
ciñeron

Futuro imperfecto

ceñiré
ceñirás
ceñirá
ceñiremos
ceñiréis
ceñirán

Condicional simple

ceñiría
ceñirías
ceñiría
ceñiríamos
ceñiríais
ceñirían

Tiempos compuestos:

Pretérito perfecto

he ceñido
has ceñido
ha ceñido
hemos ceñido
habéis ceñido
han ceñido

Pretérito pluscuamperfecto

había ceñido
habías ceñido
había ceñido
habíamos ceñido
habíais ceñido
habían ceñido

Pretérito anterior

hube ceñido
hubiste ceñido
hubo ceñido
hubimos ceñido
hubisteis ceñido
hubieron ceñido

Futuro perfecto

habré ceñido
habrás ceñido
habrá ceñido
habremos ceñido
habréis ceñido
habrán ceñido

Condicional compuesto

habría ceñido
habrías ceñido
habría ceñido
habríamos ceñido
habríais ceñido
habrían ceñido

MODO SUBJUNTIVO

Tiempos simples:			Tiempos compuestos:			
Presente			*Pretérito perfecto*			
ciña			haya	ceñido		
ciñas			hayas	ceñido		
ciña			haya	ceñido		
ciñamos			hayamos	ceñido		
ciñáis			hayáis	ceñido		
ciñan			hayan	ceñido		
Pretérito imperfecto			*Pretérito pluscuamperfecto*			
ciñese	*o*	-era	hubiese	*o*	-iera	ceñido
ciñeses	*o*	-eras	hubieses	*o*	-ieras	"
ciñese	*o*	-era	hubiese	*o*	-iera	"
ciñésemos	*o*	-éramos	hubiésemos	*o*	-iéramos	"
ciñeseis	*o*	-erais	hubieseis	*o*	-ierais	"
ciñesen	*o*	-eran	hubiesen	*o*	-ieran	"
Futuro imperfecto			*Futuro perfecto*			
ciñere			hubiere	ceñido		
ciñeres			hubieres	ceñido		
ciñere			hubiere	ceñido		
ciñéremos			hubiéremos	ceñido		
ciñereis			hubiereis	ceñido		
ciñeren			hubieren	ceñido		

MODO IMPERATIVO

Presente

ciñe
ceñid

Formas no personales

Simples:		Compuestas:		
Infinitivo:	ceñir	*Infinitivo:*	haber	ceñido
Gerundio:	ciñendo	*Gerundio*	habiendo	ceñido
Participio:	ceñido			

MODO INDICATIVO

Tiempos simples:

Presente

circuncido
circuncidas
circuncida
circuncidamos
circuncidáis
circuncidan

Pretérito imperfecto

circuncidaba
circuncidabas
circuncidaba
circuncidábamos
circuncidabais
circuncidaban

Pretérito perfecto simple

circuncidé
circuncidaste
circuncidó
circuncidamos
circuncidasteis
circuncidaron

Futuro imperfecto

circuncidaré
circuncidarás
circuncidará
circuncidaremos
circuncidaréis
circuncidarán

Condicional simple

circuncidaría
circuncidarías
circuncidaría
circuncidaríamos
circuncidaríais
circuncidarían

Tiempos compuestos:

Pretérito perfecto

he circuncidado
has circuncidado
ha circuncidado
hemos circuncidado
habéis circuncidado
han circuncidado

Pretérito pluscuamperfecto

había circuncidado
habías circuncidado
había circuncidado
habíamos circuncidado
habíais circuncidado
habían circuncidado

Pretérito anterior

hube circuncidado
hubiste circuncidado
hubo circuncidado
hubimos circuncidado
hubisteis circuncidado
hubieron circuncidado

Futuro perfecto

habré circuncidado
habrás circuncidado
habrá circuncidado
habremos circuncidado
habréis circuncidado
habrán circuncidado

Condicional compuesto

habría circuncidado
habrías circuncidado
habría circuncidado
habríamos circuncidado
habríais circuncidado
habrían circuncidado

MODO SUBJUNTIVO

Tiempos simples:

Presente

circuncide
circuncides
circuncide
circuncidemos
circuncidéis
circunciden

Pretérito imperfecto

circuncidase *o* -ara
circuncidases *o* -aras
circuncidase *o* -ara
circuncidásemos *o* -áramos
circuncidaseis *o* -arais
circuncidasen *o* -aran

Futuro imperfecto

circuncidare
circuncidares
circuncidare
circuncidáremos
circuncidareis
circuncidaren

Tiempos compuestos:

Pretérito perfecto

haya circuncidado
hayas circuncidado
haya circuncidado
hayamos circuncidado
hayáis circuncidado
hayan circuncidado

Pretérito pluscuamperfecto

hubiese *o* -iera circuncidado
hubieses *o* -ieras "
hubiese *o* -iera "
hubiésemos *o* -iéramos "
hubieseis *o* -ierais "
hubiesen *o* -ieran "

Futuro perfecto

hubiere circuncidado
hubieres circuncidado
hubiere circuncidado
hubiéremos circuncidado
hubiereis circuncidado
hubieren circuncidado

MODO IMPERATIVO

Presente

circuncida
circuncidad

Formas no personales

Simples:

Infinitivo: circuncidar
Gerundio: circuncidando
Participio: circuncidado (o circunciso)

Compuestas:

Infinitivo: haber circuncidado
Gerundio habiendo circuncidado

MODO INDICATIVO

Tiempos simples:

Presente

circunscribo
circunscribes
circunscribe
circunscribimos
circunscribís
circunscriben

Pretérito imperfecto

circunscribía
circunscribías
circunscribía
circunscribíamos
circunscribíais
circunscribían

Pretérito perfecto simple

circunscribí
circunscribiste
circunscribió
circunscribimos
circunscribisteis
circunscribieron

Futuro imperfecto

circunscribiré
circunscribirás
circunscribirá
circunscribiremos
circunscribiréis
circunscribirán

Condicional simple

circunscribiría
circunscribirías
circunscribiría
circunscribiríamos
circunscribiríais
circunscribirían

Tiempos compuestos:

Pretérito perfecto

he circunscrito
has circunscrito
ha circunscrito
hemos circunscrito
habéis circunscrito
han circunscrito

Pretérito pluscuamperfecto

había circunscrito
habías circunscrito
había circunscrito
habíamos circunscrito
habíais circunscrito
habían circunscrito

Pretérito anterior

hube circunscrito
hubiste circunscrito
hubo circunscrito
hubimos circunscrito
hubisteis circunscrito
hubieron circunscrito

Futuro perfecto

habré circunscrito
habrás circunscrito
habrá circunscrito
habremos circunscrito
habréis circunscrito
habrán circunscrito

Condicional compuesto

habría circunscrito
habrías circunscrito
habría circunscrito
habríamos circunscrito
habríais circunscrito
habrían circunscrito

MODO SUBJUNTIVO

Tiempos simples:

Presente

circunscriba
circunscribas
circunscriba
circunscribamos
circunscribáis
circunscriban

Pretérito imperfecto

circunscribiese *o* -iera
circunscribieses *o* -ieras
circunscribiese *o* -iera
circunscribiésemos *o* -iéramos
circunscribieseis *o* -ierais
circunscribiesen *o* -ieran

Futuro imperfecto

circunscribiere
circunscribieres
circunscribiere
circunscribiéremos
circunscribiereis
circunscribieren

Tiempos compuestos:

Pretérito perfecto

haya circunscrito
hayas circunscrito
haya circunscrito
hayamos circunscrito
hayáis circunscrito
hayan circunscrito

Pretérito pluscuamperfecto

hubiese *o* -iera circunscrito
hubieses *o* -ieras "
hubiese *o* -iera "
hubiésemos *o* -iéramos "
hubieseis *o* -ierais "
hubiesen *o* -ieran "

Futuro perfecto

hubiere circunscrito
hubieres circunscrito
hubiere circunscrito
hubiéremos circunscrito
hubiereis circunscrito
hubieren circunscrito

MODO IMPERATIVO

Presente

circunscribe
circunscribid

Formas no personales

Simples:

Infinitivo: circunscribir
Gerundio: circunscribiendo
Participio: circunscrito (o cincunscripto)

Compuestas:

Infinitivo: haber circunscrito
Gerundio habiendo circunscrito

MODO INDICATIVO

Tiempos simples:

Presente

cuezo
cueces
cuece
cocemos
cocéis
cuecen

Pretérito imperfecto

cocía
cocías
cocía
cocíamos
cocíais
cocían

Pretérito perfecto simple

cocí
cociste
coció
cocimos
cocisteis
cocieron

Futuro imperfecto

coceré
cocerás
cocerá
coceremos
coceréis
cocerán

Condicional simple

cocería
cocerías
cocería
coceríamos
coceríais
cocerían

Tiempos compuestos:

Pretérito perfecto

he cocido
has cocido
ha cocido
hemos cocido
habéis cocido
han cocido

Pretérito pluscuamperfecto

había cocido
habías cocido
había cocido
habíamos cocido
habíais cocido
habían cocido

Pretérito anterior

hube cocido
hubiste cocido
hubo cocido
hubimos cocido
hubisteis cocido
hubieron cocido

Futuro perfecto

habré cocido
habrás cocido
habrá cocido
habremos cocido
habréis cocido
habrán cocido

Condicional compuesto

habría cocido
habrías cocido
habría cocido
habríamos cocido
habríais cocido
habrían cocido

MODO SUBJUNTIVO

Tiempos simples:

Presente

cueza
cuezas
cueza
cozamos
cozáis
cuezan

Pretérito imperfecto

cociese	*o*	-iera
cocieses	*o*	-ieras
cociese	*o*	-iera
cociésemos	*o*	-iéramos
cocieseis	*o*	-ierais
cociesen	*o*	-ieran

Futuro imperfecto

cociere
cocieres
cociere
cociéremos
cociereis
cocieren

Tiempos compuestos:

Pretérito perfecto

haya	cocido
hayas	cocido
haya	cocido
hayamos	cocido
hayáis	cocido
hayan	cocido

Pretérito pluscuamperfecto

hubiese	*o*	-iera	cocido
hubieses	*o*	-ieras	"
hubiese	*o*	-iera	"
hubiésemos	*o*	-iéramos	"
hubieseis	*o*	-ierais	"
hubiesen	*o*	-ieran	"

Futuro perfecto

hubiere	cocido
hubieres	cocido
hubiere	cocido
hubiéremos	cocido
hubiereis	cocido
hubieren	cocido

MODO IMPERATIVO

Presente

cuece
coced

Formas no personales

Simples:

Infinitivo: cocer
Gerundio: cociendo
Participio: cocido (o cocho)

Compuestas:

Infinitivo: haber cocido
Gerundio habiendo cocido

MODO INDICATIVO

Tiempos simples:

Presente

cohíbo
cohíbes
cohíbe
cohibimos
cohibís
cohíben

Pretérito imperfecto

cohibía
cohibías
cohibía
cohibíamos
cohibíais
cohibían

Pretérito perfecto simple

cohibí
cohibiste
cohibió
cohibimos
cohibisteis
cohibieron

Futuro imperfecto

cohibiré
cohibirás
cohibirá
cohibiremos
cohibiréis
cohibirán

Condicional simple

cohibiría
cohibirías
cohibiría
cohibiríamos
cohibiríais
cohibirían

Tiempos compuestos:

Pretérito perfecto

he cohibido
has cohibido
ha cohibido
hemos cohibido
habéis cohibido
han cohibido

Pretérito pluscuamperfecto

había cohibido
habías cohibido
había cohibido
habíamos cohibido
habíais cohibido
habían cohibido

Pretérito anterior

hube cohibido
hubiste cohibido
hubo cohibido
hubimos cohibido
hubisteis cohibido
hubieron cohibido

Futuro perfecto

habré cohibido
habrás cohibido
habrá cohibido
habremos cohibido
habréis cohibido
habrán cohibido

Condicional compuesto

habría cohibido
habrías cohibido
habría cohibido
habríamos cohibido
habríais cohibido
habrían cohibido

MODO SUBJUNTIVO

Tiempos simples:

Presente

cohíba
cohíbas
cohíba
cohibamos
cohibáis
cohíban

Pretérito imperfecto

cohibiese	*o*	-iera
cohibieses	*o*	-ieras
cohibiese	*o*	-iera
cohibiésemos	*o*	-iéramos
cohibieseis	*o*	-ierais
cohibiesen	*o*	-ieran

Futuro imperfecto

cohibiere
cohibieres
cohibiere
cohibiéremos
cohibiereis
cohibieren

Tiempos compuestos:

Pretérito perfecto

haya	cohibido
hayas	cohibido
haya	cohibido
hayamos	cohibido
hayáis	cohibido
hayan	cohibido

Pretérito pluscuamperfecto

hubiese	*o*	-iera	cohibido
hubieses	*o*	-ieras	"
hubiese	*o*	-iera	"
hubiésemos	*o*	-iéramos	"
hubieseis	*o*	-ierais	"
hubiesen	*o*	-ieran	"

Futuro perfecto

hubiere	cohibido
hubieres	cohibido
hubiere	cohibido
hubiéremos	cohibido
hubiereis	cohibido
hubieren	cohibido

MODO IMPERATIVO

Presente

cohíbe
cohibid

Formas no personales

Simples:

Infinitivo: cohibir
Gerundio: cohibiendo
Participio: cohibido

Compuestas:

Infinitivo: haber cohibido
Gerundio habiendo cohibido

35 COMPELER

MODO INDICATIVO

Tiempos simples:

Presente

compelo
compeles
compele
compelemos
compeléis
compelen

Pretérito imperfecto

compelía
compelías
compelía
compelíamos
compelíais
compelían

Pretérito perfecto simple

compelí
compeliste
compelió
compelimos
compelisteis
compelieron

Futuro imperfecto

compeleré
compelerás
compelerá
compeleremos
compeleréis
compelerán

Condicional simple

compelería
compelerías
compelería
compeleríamos
compeleríais
compelerían

Tiempos compuestos:

Pretérito perfecto

he compelido
has compelido
ha compelido
hemos compelido
habéis compelido
han compelido

Pretérito pluscuamperfecto

había compelido
habías compelido
había compelido
habíamos compelido
habíais compelido
habían compelido

Pretérito anterior

hube compelido
hubiste compelido
hubo compelido
hubimos compelido
hubisteis compelido
hubieron compelido

Futuro perfecto

habré compelido
habrás compelido
habrá compelido
habremos compelido
habréis compelido
habrán compelido

Condicional compuesto

habría compelido
habrías compelido
habría compelido
habríamos compelido
habríais compelido
habrían compelido

MODO SUBJUNTIVO

Tiempos simples:

Presente

compela
compelas
compela
compelamos
compeláis
compelan

Pretérito imperfecto

compeliese	*o*	-iera
compelieses	*o*	-ieras
compeliese	*o*	-iera
compeliésemos	*o*	-iéramos
compelieseis	*o*	-ierais
compeliesen	*o*	-ieran

Futuro imperfecto

compeliere
compelieres
compeliere
compeliéremos
compeliereis
compelieren

Tiempos compuestos:

Pretérito perfecto

haya	compelido
hayas	compelido
haya	compelido
hayamos	compelido
hayáis	compelido
hayan	compelido

Pretérito pluscuamperfecto

hubiese	*o*	-iera	compelido
hubieses	*o*	-ieras	"
hubiese	*o*	-iera	"
hubiésemos	*o*	-iéramos	"
hubieseis	*o*	-ierais	"
hubiesen	*o*	-ieran	"

Futuro perfecto

hubiere	compelido
hubieres	compelido
hubiere	compelido
hubiéremos	compelido
hubiereis	compelido
hubieren	compelido

MODO IMPERATIVO

Presente

compele
compeled

Formas no personales

Simples:

Infinitivo: compeler
Gerundio: compeliendo
Participio: compelido (o compulso)

Compuestas:

Infinitivo: haber compelido
Gerundio habiendo compelido

MODO INDICATIVO

Tiempos simples:

Presente

comprimo
comprimes
comprime
comprimimos
comprimís
comprimen

Pretérito imperfecto

comprimía
comprimías
comprimía
comprimíamos
comprimíais
comprimían

Pretérito perfecto simple

comprimí
comprimiste
comprimió
comprimimos
comprimisteis
comprimieron

Futuro imperfecto

comprimiré
comprimirás
comprimirá
comprimiremos
comprimiréis
comprimirán

Condicional simple

comprimiría
comprimirías
comprimiría
comprimiríamos
comprimiríais
comprimirían

Tiempos compuestos:

Pretérito perfecto

he comprimido
has comprimido
ha comprimido
hemos comprimido
habéis comprimido
han comprimido

Pretérito pluscuamperfecto

había comprimido
habías comprimido
había comprimido
habíamos comprimido
habíais comprimido
habían comprimido

Pretérito anterior

hube comprimido
hubiste comprimido
hubo comprimido
hubimos comprimido
hubisteis comprimido
hubieron comprimido

Futuro perfecto

habré comprimido
habrás comprimido
habrá comprimido
habremos comprimido
habréis comprimido
habrán comprimido

Condicional compuesto

habría comprimido
habrías comprimido
habría comprimido
habríamos comprimido
habríais comprimido
habrían comprimido

MODO SUBJUNTIVO

Tiempos simples:

Presente

comprima
comprimas
comprima
comprimamos
comprimáis
compriman

Pretérito imperfecto

comprimiese *o* -iera
comprimieses *o* -ieras
comprimiese *o* -iera
comprimiésemos *o* -iéramos
comprimieseis *o* -ierais
comprimiesen *o* -ieran

Futuro imperfecto

comprimiere
comprimieres
comprimiere
comprimiéremos
comprimiereis
comprimieren

Tiempos compuestos:

Pretérito perfecto

haya comprimido
hayas comprimido
haya comprimido
hayamos comprimido
hayáis comprimido
hayan comprimido

Pretérito pluscuamperfecto

hubiese *o* -iera comprimido
hubieses *o* -ieras "
hubiese *o* -iera "
hubiésemos *o* -iéramos "
hubieseis *o* -ierais "
hubiesen *o* -ieran "

Futuro perfecto

hubiere comprimido
hubieres comprimido
hubiere comprimido
hubiéremos comprimido
hubiereis comprimido
hubieren comprimido

MODO IMPERATIVO

Presente

comprime
comprimid

Formas no personales

Simples:

Infinitivo: comprimir
Gerundio: comprimiendo
Participio: comprimido (o compreso)

Compuestas:

Infinitivo: haber comprimido
Gerundio habiendo comprimido

MODO INDICATIVO

Tiempos simples:

Presente

concluyo
concluyes
concluye
concluimos
concluís
concluyen

Pretérito imperfecto

concluía
concluías
concluía
concluíamos
concluíais
concluían

Pretérito perfecto simple

concluí
concluiste
concluyó
concluimos
concluisteis
concluyeron

Futuro imperfecto

concluiré
concluirás
concluirá
concluiremos
concluiréis
concluirán

Condicional simple

concluiría
concluirías
concluiría
concluiríamos
concluiríais
concluirían

Tiempos compuestos:

Pretérito perfecto

he concluido
has concluido
ha concluido
hemos concluido
habéis concluido
han concluido

Pretérito pluscuamperfecto

había concluido
habías concluido
había concluido
habíamos concluido
habíais concluido
habían concluido

Pretérito anterior

hube concluido
hubiste concluido
hubo concluido
hubimos concluido
hubisteis concluido
hubieron concluido

Futuro perfecto

habré concluido
habrás concluido
habrá concluido
habremos concluido
habréis concluido
habrán concluido

Condicional compuesto

habría concluido
habrías concluido
habría concluido
habríamos concluido
habríais concluido
habrían concluido

MODO SUBJUNTIVO

Tiempos simples:		Tiempos compuestos:			
Presente		*Pretérito perfecto*			
concluya		haya	concluido		
concluyas		hayas	concluido		
concluya		haya	concluido		
concluyamos		hayamos	concluido		
concluyáis		hayáis	concluido		
concluyan		hayan	concluido		
Pretérito imperfecto		*Pretérito pluscuamperfecto*			
concluyese	*o* -yera	hubiese	*o*	-iera	concluido
concluyeses	*o* -yeras	hubieses	*o*	-ieras	"
concluyese	*o* -yera	hubiese	*o*	-iera	"
concluyésemos	*o* -yéramos	hubiésemos	*o*	-iéramos	"
concluyeseis	*o* -yerais	hubieseis	*o*	-ierais	"
concluyesen	*o* -yeran	hubiesen	*o*	-ieran	"
Futuro imperfecto		*Futuro perfecto*			
concluyere		hubiere	concluido		
concluyeres		hubieres	concluido		
concluyere		hubiere	concluido		
concluyéremos		hubiéremos	concluido		
concluyereis		hubiereis	concluido		
concluyeren		hubieren	concluido		

MODO IMPERATIVO

Presente

concluye
concluid

Formas no personales

Simples:		Compuestas:		
Infinitivo:	concluir	*Infinitivo:*	haber	concluido
Gerundio:	concluyendo	*Gerundio*	habiendo	concluido
Participio:	concluido (o concluso)			

MODO INDICATIVO

Tiempos simples:

Presente

confío
confías
confía
confiamos
confiáis
confían

Pretérito imperfecto

confiaba
confiabas
confiaba
confiábamos
confiabais
confiaban

Pretérito perfecto simple

confié
confiaste
confió
confiamos
confiasteis
confiaron

Futuro imperfecto

confiaré
confiarás
confiará
confiaremos
confiaréis
confiarán

Condicional simple

confiaría
confiarías
confiaría
confiaríamos
confiaríais
confiarían

Tiempos compuestos:

Pretérito perfecto

he confiado
has confiado
ha confiado
hemos confiado
habéis confiado
han confiado

Pretérito pluscuamperfecto

había confiado
habías confiado
había confiado
habíamos confiado
habíais confiado
habían confiado

Pretérito anterior

hube confiado
hubiste confiado
hubo confiado
hubimos confiado
hubisteis confiado
hubieron confiado

Futuro perfecto

habré confiado
habrás confiado
habrá confiado
habremos confiado
habréis confiado
habrán confiado

Condicional compuesto

habría confiado
habrías confiado
habría confiado
habríamos confiado
habríais confiado
habrían confiado

MODO SUBJUNTIVO

Tiempos simples:

Presente

confíe
confíes
confíe
confiemos
confiéis
confíen

Pretérito imperfecto

confiase	*o*	-ara
confiases	*o*	-aras
confiase	*o*	-ara
confiásemos	*o*	-áramos
confiaseis	*o*	-arais
confiasen	*o*	-aran

Futuro imperfecto

confiare
confiares
confiare
confiáremos
confiareis
confiaren

Tiempos compuestos:

Pretérito perfecto

haya	confiado
hayas	confiado
haya	confiado
hayamos	confiado
hayáis	confiado
hayan	confiado

Pretérito pluscuamperfecto

hubiese	*o*	-iera	confiado
hubieses	*o*	-ieras	"
hubiese	*o*	-iera	"
hubiésemos	*o*	-iéramos	"
hubieseis	*o*	-ierais	"
hubiesen	*o*	-ieran	"

Futuro perfecto

hubiere	confiado
hubieres	confiado
hubiere	confiado
hubiéremos	confiado
hubiereis	confiado
hubieren	confiado

MODO IMPERATIVO

Presente

confía
confiad

Formas no personales

Simples:

Infinitivo: confiar
Gerundio: confiando
Participio: confiado

Compuestas:

Infinitivo: haber confiado
Gerundio habiendo confiado

39 CONFUNDIR

MODO INDICATIVO

Tiempos simples:

Presente

confundo
confundes
confunde
confundimos
confundís
confunden

Pretérito imperfecto

confundía
confundías
confundía
confundíamos
confundíais
confundían

Pretérito perfecto simple

confundí
confundiste
confundió
confundimos
confundisteis
confundieron

Futuro imperfecto

confundiré
confundirás
confundirá
confundiremos
confundiréis
confundirán

Condicional simple

confundiría
confundirías
confundiría
confundiríamos
confundiríais
confundirían

Tiempos compuestos:

Pretérito perfecto

he confundido
has confundido
ha confundido
hemos confundido
habéis confundido
han confundido

Pretérito pluscuamperfecto

había confundido
habías confundido
había confundido
habíamos confundido
habíais confundido
habían confundido

Pretérito anterior

hube confundido
hubiste confundido
hubo confundido
hubimos confundido
hubisteis confundido
hubieron confundido

Futuro perfecto

habré confundido
habrás confundido
habrá confundido
habremos confundido
habréis confundido
habrán confundido

Condicional compuesto

habría confundido
habrías confundido
habría confundido
habríamos confundido
habríais confundido
habrían confundido

MODO SUBJUNTIVO

Tiempos simples:

Presente

confunda
confundas
confunda
confundamos
confundáis
confundan

Pretérito imperfecto

confundiese	*o*	-iera
confundieses	*o*	-ieras
confundiese	*o*	-iera
confundiésemos	*o*	-iéramos
confundieseis	*o*	-ierais
confundiesen	*o*	-ieran

Futuro imperfecto

confundiere
confundieres
confundiere
confundiéremos
confundiereis
confundieren

Tiempos compuestos:

Pretérito perfecto

haya	confundido
hayas	confundido
haya	confundido
hayamos	confundido
hayáis	confundido
hayan	confundido

Pretérito pluscuamperfecto

hubiese	*o*	-iera	confundido
hubieses	*o*	-ieras	"
hubiese	*o*	-iera	"
hubiésemos	*o*	-iéramos	"
hubieseis	*o*	-ierais	"
hubiesen	*o*	-ieran	"

Futuro perfecto

hubiere	confundido
hubieres	confundido
hubiere	confundido
hubiéremos	confundido
hubiereis	confundido
hubieren	confundido

MODO IMPERATIVO

Presente

confunde
confundid

Formas no personales

Simples:

Infinitivo: confundir
Gerundio: confundiendo
Participio: confundido (o confuso)

Compuestas:

Infinitivo: haber confundido
Gerundio habiendo confundido

Formas personales

MODO INDICATIVO

Tiempos simples:

Presente

consumo
consumes
consume
consumimos
consumís
consumen

Pretérito imperfecto

consumía
consumías
consumía
consumíamos
consumíais
consumían

Pretérito perfecto simple

consumí
consumiste
consumió
consumimos
consumisteis
consumieron

Futuro imperfecto

consumiré
consumirás
consumirá
consumiremos
consumiréis
consumirán

Condicional simple

consumiría
consumirías
consumiría
consumiríamos
consumiríais
consumirían

Tiempos compuestos:

Pretérito perfecto

he consumido
has consumido
ha consumido
hemos consumido
habéis consumido
han consumido

Pretérito pluscuamperfecto

había consumido
habías consumido
había consumido
habíamos consumido
habíais consumido
habían consumido

Pretérito anterior

hube consumido
hubiste consumido
hubo consumido
hubimos consumido
hubisteis consumido
hubieron consumido

Futuro perfecto

habré consumido
habrás consumido
habrá consumido
habremos consumido
habréis consumido
habrán consumido

Condicional compuesto

habría consumido
habrías consumido
habría consumido
habríamos consumido
habríais consumido
habrían consumido

MODO SUBJUNTIVO

Tiempos simples:

Presente

consuma
consumas
consuma
consumamos
consumáis
consuman

Pretérito imperfecto

consumiese	*o*	-iera
consumieses	*o*	-ieras
consumiese	*o*	-iera
consumiésemos	*o*	-iéramos
consumieseis	*o*	-ierais
consumiesen	*o*	-ieran

Futuro imperfecto

consumiere
consumieres
consumiere
consumiéremos
consumiereis
consumieren

Tiempos compuestos:

Pretérito perfecto

haya	consumido
hayas	consumido
haya	consumido
hayamos	consumido
hayáis	consumido
hayan	consumido

Pretérito pluscuamperfecto

hubiese	*o*	-iera	consumido
hubieses	*o*	-ieras	"
hubiese	*o*	-iera	"
hubiésemos	*o*	-iéramos	"
hubieseis	*o*	-ierais	"
hubiesen	*o*	-ieran	"

Futuro perfecto

hubiere	consumido
hubieres	consumido
hubiere	consumido
hubiéremos	consumido
hubiereis	consumido
hubieren	consumido

MODO IMPERATIVO

Presente

consume
consumid

Formas no personales

Simples:

Infinitivo: consumir
Gerundio: consumiendo
Participio: consumido (o consunto)

Compuestas:

Infinitivo: haber consumido
Gerundio habiendo consumido

MODO INDICATIVO

Tiempos simples:

Presente

continúo
continúas
continúa
continuamos
continuáis
continúan

Pretérito imperfecto

continuaba
continuabas
continuaba
continuábamos
continuabais
continuaban

Pretérito perfecto simple

continué
continuaste
continuó
continuamos
continuasteis
continuaron

Futuro imperfecto

continuaré
continuarás
continuará
continuaremos
continuaréis
continuarán

Condicional simple

continuaría
continuarías
continuaría
continuaríamos
continuaríais
continuarían

Tiempos compuestos:

Pretérito perfecto

he continuado
has continuado
ha continuado
hemos continuado
habéis continuado
han continuado

Pretérito pluscuamperfecto

había continuado
habías continuado
había continuado
habíamos continuado
habíais continuado
habían continuado

Pretérito anterior

hube continuado
hubiste continuado
hubo continuado
hubimos continuado
hubisteis continuado
hubieron continuado

Futuro perfecto

habré continuado
habrás continuado
habrá continuado
habremos continuado
habréis continuado
habrán continuado

Condicional compuesto

habría continuado
habrías continuado
habría continuado
habríamos continuado
habríais continuado
habrían continuado

MODO SUBJUNTIVO

Tiempos simples:

Presente

continúe
continúes
continúe
continuemos
continuéis
continúen

Pretérito imperfecto

continuase	*o*	-ara
continuases	*o*	-aras
continuase	*o*	-ara
continuásemos	*o*	-áramos
continuaseis	*o*	-arais
continuasen	*o*	-aran

Futuro imperfecto

continuare
continuares
continuare
continuáremos
continuareis
continuaren

Tiempos compuestos:

Pretérito perfecto

haya	continuado
hayas	continuado
haya	continuado
hayamos	continuado
hayáis	continuado
hayan	continuado

Pretérito pluscuamperfecto

hubiese	*o*	-iera	continuado
hubieses	*o*	-ieras	"
hubiese	*o*	-iera	"
hubiésemos	*o*	-iéramos	"
hubieseis	*o*	-ierais	"
hubiesen	*o*	-ieran	"

Futuro perfecto

hubiere	continuado
hubieres	continuado
hubiere	continuado
hubiéremos	continuado
hubiereis	continuado
hubieren	continuado

MODO IMPERATIVO

Presente

continúa
continuad

Formas no personales

Simples:

Infinitivo: continuar
Gerundio: continuando
Participio: continuado

Compuestas:

Infinitivo: haber continuado
Gerundio habiendo continuado

MODO INDICATIVO

Tiempos simples:

Presente

contraigo
contraes
contrae
contraemos
contraéis
contraen

Pretérito imperfecto

contraía
contraías
contraía
contraíamos
contraíais
contraían

Pretérito perfecto simple

contraje
contrajiste
contrajo
contrajimos
contrajisteis
contrajeron

Futuro imperfecto

contraeré
contraerás
contraerá
contraeremos
contraeréis
contraerán

Condicional simple

contraería
contraerías
contraería
contraeríamos
contraeríais
contraerían

Tiempos compuestos:

Pretérito perfecto

he contraído
has contraído
ha contraído
hemos contraído
habéis contraído
han contraído

Pretérito pluscuamperfecto

había contraído
habías contraído
había contraído
habíamos contraído
habíais contraído
habían contraído

Pretérito anterior

hube contraído
hubiste contraído
hubo contraído
hubimos contraído
hubisteis contraído
hubieron contraído

Futuro perfecto

habré contraído
habrás contraído
habrá contraído
habremos contraído
habréis contraído
habrán contraído

Condicional compuesto

habría contraído
habrías contraído
habría contraído
habríamos contraído
habríais contraído
habrían contraído

MODO SUBJUNTIVO

Tiempos simples:			Tiempos compuestos:				
Presente			*Pretérito perfecto*				
contraiga			haya	contraído			
contraigas			hayas	contraído			
contraiga			haya	contraído			
contraigamos			hayamos	contraído			
contraigáis			hayáis	contraído			
contraigan			hayan	contraído			
Pretérito imperfecto			*Pretérito pluscuamperfecto*				
contrajese	*o*	-jera	hubiese	*o*	-iera	contraído	
contrajeses	*o*	-jeras	hubieses	*o*	-ieras	"	
contrajese	*o*	-jera	hubiese	*o*	-iera	"	
contrajésemos	*o*	-jéramos	hubiésemos	*o*	-iéramos	"	
contrajeseis	*o*	-jerais	hubieseis	*o*	-ierais	"	
contrajesen	*o*	-jeran	hubiesen	*o*	-ieran	"	
Futuro imperfecto			*Futuro perfecto*				
contrajere			hubiere	contraído			
contrajeres			hubieres	contraído			
contrajere			hubiere	contraído			
contrajéremos			hubiéremos	contraído			
contrajereis			hubiereis	contraído			
contrajeren			hubieren	contraído			

MODO IMPERATIVO

Presente

contrae
contraed

Formas no personales

Simples:		Compuestas:		
Infinitivo:	contraer	*Infinitivo:*	haber	contraído
Gerundio:	contrayendo	*Gerundio*	habiendo	contraído
Participio:	contraído (o contracto)			

43 CONVENCER

MODO INDICATIVO

Tiempos simples:

Presente

convenzo
convences
convence
convencemos
convencéis
convencen

Pretérito imperfecto

convencía
convencías
convencía
convencíamos
convencíais
convencían

Pretérito perfecto simple

convencí
convenciste
convenció
convencimos
convencisteis
convencieron

Futuro imperfecto

convenceré
convencerás
convencerá
convenceremos
convenceréis
convencerán

Condicional simple

convencería
convencerías
convencería
convenceríamos
convenceríais
convencerían

Tiempos compuestos:

Pretérito perfecto

he convencido
has convencido
ha convencido
hemos convencido
habéis convencido
han convencido

Pretérito pluscuamperfecto

había convencido
habías convencido
había convencido
habíamos convencido
habíais convencido
habían convencido

Pretérito anterior

hube convencido
hubiste convencido
hubo convencido
hubimos convencido
hubisteis convencido
hubieron convencido

Futuro perfecto

habré convencido
habrás convencido
habrá convencido
habremos convencido
habréis convencido
habrán convencido

Condicional compuesto

habría convencido
habrías convencido
habría convencido
habríamos convencido
habríais convencido
habrían convencido

MODO SUBJUNTIVO

Tiempos simples:

Presente

convenza
convenzas
convenza
convenzamos
convenzáis
convenzan

Pretérito imperfecto

convenciese	*o*	-iera
convencieses	*o*	-ieras
convenciese	*o*	-iera
convenciésemos	*o*	-iéramos
convencieseis	*o*	-ierais
convenciesen	*o*	-ieran

Futuro imperfecto

convenciere
convencieres
convenciere
convenciéremos
convenciereis
convencieren

Tiempos compuestos:

Pretérito perfecto

haya	convencido
hayas	convencido
haya	convencido
hayamos	convencido
hayáis	convencido
hayan	convencido

Pretérito pluscuamperfecto

hubiese	*o*	-iera	convencido
hubieses	*o*	-ieras	"
hubiese	*o*	-iera	"
hubiésemos	*o*	-iéramos	"
hubieseis	*o*	-ierais	"
hubiesen	*o*	-ieran	"

Futuro perfecto

hubiere	convencido
hubieres	convencido
hubiere	convencido
hubiéremos	convencido
hubiereis	convencido
hubieren	convencido

MODO IMPERATIVO

Presente

convence
convenced

Formas no personales

Simples:

Infinitivo: convencer
Gerundio: convenciendo
Participio: convencido (o convicto)

Compuestas:

Infinitivo: haber convencido
Gerundio habiendo convencido

MODO INDICATIVO

Tiempos simples:

Presente

convierto
conviertes
convierte
convertimos
convertís
convierten

Pretérito imperfecto

convertía
convertías
convertía
convertíamos
convertíais
convertían

Pretérito perfecto simple

convertí
convertiste
convirtió
convertimos
convertisteis
convirtieron

Futuro imperfecto

convertiré
convertirás
convertirá
convertiremos
convertiréis
convertirán

Condicional simple

convertiría
convertirías
convertiría
convertiríamos
convertiríais
convertirían

Tiempos compuestos:

Pretérito perfecto

he convertido
has convertido
ha convertido
hemos convertido
habéis convertido
han convertido

Pretérito pluscuamperfecto

había convertido
habías convertido
había convertido
habíamos convertido
habíais convertido
habían convertido

Pretérito anterior

hube convertido
hubiste convertido
hubo convertido
hubimos convertido
hubisteis convertido
hubieron convertido

Futuro perfecto

habré convertido
habrás convertido
habrá convertido
habremos convertido
habréis convertido
habrán convertido

Condicional compuesto

habría convertido
habrías convertido
habría convertido
habríamos convertido
habríais convertido
habrían convertido

MODO SUBJUNTIVO

Tiempos simples:		Tiempos compuestos:	
Presente		*Pretérito perfecto*	
convierta		haya	convertido
conviertas		hayas	convertido
convierta		haya	convertido
convirtamos		hayamos	convertido
convirtáis		hayáis	convertido
conviertan		hayan	convertido
Pretérito imperfecto		*Pretérito pluscuamperfecto*	
convirtiese	*o* -iera	hubiese *o*	-iera convertido
convirtieses	*o* -ieras	hubieses *o*	-ieras "
convirtiese	*o* -iera	hubiese *o*	-iera "
convirtiésemos	*o* -iéramos	hubiésemos *o*	-iéramos "
convirtieseis	*o* -ierais	hubieseis *o*	-ierais "
convirtiesen	*o* -ieran	hubiesen *o*	-ieran "
Futuro imperfecto		*Futuro perfecto*	
convirtiere		hubiere	convertido
convirtieres		hubieres	convertido
convirtiere		hubiere	convertido
convirtiéremos		hubiéremos	convertido
convirtiereis		hubiereis	convertido
convirtieren		hubieren	convertido

MODO IMPERATIVO

Presente

convierte
convertid

Formas no personales

Simples:		Compuestas:		
Infinitivo:	convertir	*Infinitivo:*	haber	convertido
Gerundio:	convirtiendo	*Gerundio*	habiendo	convertido
Participio:	convertido (o converso)			

MODO INDICATIVO

Tiempos simples:	Tiempos compuestos:	
Presente	*Pretérito perfecto*	
corrijo	he	corregido
corriges	has	corregido
corrige	ha	corregido
corregimos	hemos	corregido
corregís	habéis	corregido
corrigen	han	corregido
Pretérito imperfecto	*Pretérito pluscuamperfecto*	
corregía	había	corregido
corregías	habías	corregido
corregía	había	corregido
corregíamos	habíamos	corregido
corregíais	habíais	corregido
corregían	habían	corregido
Pretérito perfecto simple	*Pretérito anterior*	
corregí	hube	corregido
corregiste	hubiste	corregido
corrigió	hubo	corregido
corregimos	hubimos	corregido
corregisteis	hubisteis	corregido
corrigieron	hubieron	corregido
Futuro imperfecto	*Futuro perfecto*	
corregiré	habré	corregido
corregirás	habrás	corregido
corregirá	habrá	corregido
corregiremos	habremos	corregido
corregiréis	habréis	corregido
corregirán	habrán	corregido
Condicional simple	*Condicional compuesto*	
corregiría	habría	corregido
corregirías	habrías	corregido
corregiría	habría	corregido
corregiríamos	habríamos	corregido
corregiríais	habríais	corregido
corregirían	habrían	corregido

MODO SUBJUNTIVO

Tiempos simples:

Presente

corrija
corrijas
corrija
corrijamos
corrijáis
corrijan

Pretérito imperfecto

corrigiese	*o*	-iera
corrigieses	*o*	-ieras
corrigiese	*o*	-iera
corrigiésemos	*o*	-iéramos
corrigieseis	*o*	-ierais
corrigiesen	*o*	-ieran

Futuro imperfecto

corrigiere
corrigieres
corrigiere
corrigiéremos
corrigiereis
corrigieren

Tiempos compuestos:

Pretérito perfecto

haya	corregido
hayas	corregido
haya	corregido
hayamos	corregido
hayáis	corregido
hayan	corregido

Pretérito pluscuamperfecto

hubiese	*o*	-iera	corregido
hubieses	*o*	-ieras	"
hubiese	*o*	-iera	"
hubiésemos	*o*	-iéramos	"
hubieseis	*o*	-ierais	"
hubiesen	*o*	-ieran	"

Futuro perfecto

hubiere	corregido
hubieres	corregido
hubiere	corregido
hubiéremos	corregido
hubiereis	corregido
hubieren	corregido

MODO IMPERATIVO

Presente

corrige
corregid

Formas no personales

Simples:

Infinitivo: corregir
Gerundio: corrigiendo
Participio: corregido (o correcto)

Compuestas:

Infinitivo: haber corregido
Gerundio habiendo corregido

MODO INDICATIVO

Tiempos simples:

Presente

crujo
crujes
cruje
crujimos
crujís
crujen

Pretérito imperfecto

crujía
crujías
crujía
crujíamos
crujíais
crujían

Pretérito perfecto simple

crují
crujiste
crujió
crujimos
crujisteis
crujieron

Futuro imperfecto

crujiré
crujirás
crujirá
crujiremos
crujiréis
crujirán

Condicional simple

crujiría
crujirías
crujiría
crujiríamos
crujiríais
crujirían

Tiempos compuestos:

Pretérito perfecto

he crujido
has crujido
ha crujido
hemos crujido
habéis crujido
han crujido

Pretérito pluscuamperfecto

había crujido
habías crujido
había crujido
habíamos crujido
habíais crujido
habían crujido

Pretérito anterior

hube crujido
hubiste crujido
hubo crujido
hubimos crujido
hubisteis crujido
hubieron crujido

Futuro perfecto

habré crujido
habrás crujido
habrá crujido
habremos crujido
habréis crujido
habrán crujido

Condicional compuesto

habría crujido
habrías crujido
habría crujido
habríamos crujido
habríais crujido
habrían crujido

MODO SUBJUNTIVO

Tiempos simples:

Presente

cruja
crujas
cruja
crujamos
crujáis
crujan

Pretérito imperfecto

crujiese	*o*	-iera
crujieses	*o*	-ieras
crujiese	*o*	-iera
crujiésemos	*o*	-iéramos
crujieseis	*o*	-ierais
crujiesen	*o*	-ieran

Futuro imperfecto

crujiere
crujieres
crujiere
crujiéremos
crujiereis
crujieren

Tiempos compuestos:

Pretérito perfecto

haya	crujido
hayas	crujido
haya	crujido
hayamos	crujido
hayáis	crujido
hayan	crujido

Pretérito pluscuamperfecto

hubiese	o	-iera	crujido
hubieses	o	-ieras	"
hubiese	o	-iera	"
hubiésemos	o	-iéramos	"
hubieseis	o	-ierais	"
hubiesen	o	-ieran	"

Futuro perfecto

hubiere	crujido
hubieres	crujido
hubiere	crujido
hubiéremos	crujido
hubiereis	crujido
hubieren	crujido

MODO IMPERATIVO

Presente

cruje
crujid

Formas no personales

Simples:

Infinitivo: crujir
Gerundio: crujiendo
Participio: crujido

Compuestas:

Infinitivo: haber crujido
Gerundio habiendo crujido

MODO INDICATIVO

Tiempos simples:	Tiempos compuestos:	
Presente	*Pretérito perfecto*	
doy	he	dado
das	has	dado
da	ha	dado
damos	hemos	dado
dais	habéis	dado
dan	han	dado
Pretérito imperfecto	*Pretérito pluscuamperfecto*	
daba	había	dado
dabas	habías	dado
daba	había	dado
dábamos	habíamos	dado
dabais	habíais	dado
daban	habían	dado
Pretérito perfecto simple	*Pretérito anterior*	
di	hube	dado
diste	hubiste	dado
dio	hubo	dado
dimos	hubimos	dado
disteis	hubisteis	dado
dieron	hubieron	dado
Futuro imperfecto	*Futuro perfecto*	
daré	habré	dado
darás	habrás	dado
dará	habrá	dado
daremos	habremos	dado
daréis	habréis	dado
darán	habrán	dado
Condicional simple	*Condicional compuesto*	
daría	habría	dado
darías	habrías	dado
daría	habría	dado
daríamos	habríamos	dado
daríais	habríais	dado
darían	habrían	dado

MODO SUBJUNTIVO

Tiempos simples:			Tiempos compuestos:			
Presente			*Pretérito perfecto*			
dé			haya	dado		
des			hayas	dado		
dé			haya	dado		
demos			hayamos	dado		
deis			hayáis	dado		
den			hayan	dado		
Pretérito imperfecto			*Pretérito pluscuamperfecto*			
diese	*o*	-iera	hubiese	*o*	-iera	dado
dieses	*o*	-ieras	hubieses	*o*	-ieras	"
diese	*o*	-iera	hubiese	*o*	-iera	"
diésemos	*o*	-iéramos	hubiésemos	*o*	-iéramos	"
dieseis	*o*	-ierais	hubieseis	*o*	-ierais	"
diesen	*o*	-ieran	hubiesen	*o*	-ieran	"
Futuro imperfecto			*Futuro perfecto*			
diere			hubiere	dado		
dieres			hubieres	dado		
diere			hubiere	dado		
diéremos			hubiéremos	dado		
diereis			hubiereis	dado		
dieren			hubieren	dado		

MODO IMPERATIVO

Presente

da
dad

Formas no personales

Simples:		Compuestas:		
Infinitivo:	dar	*Infinitivo:*	haber	dado
Gerundio:	dando	*Gerundio*	habiendo	dado
Participio:	dado			

MODO INDICATIVO

Tiempos simples:

Presente

digo
dices
dice
decimos
decís
dicen

Pretérito imperfecto

decía
decías
decía
decíamos
decíais
decían

Pretérito perfecto simple

dije
dijiste
dijo
dijimos
dijisteis
dijeron

Futuro imperfecto

diré
dirás
dirá
diremos
diréis
dirán

Condicional simple

diría
dirías
diría
diríamos
diríais
dirían

Tiempos compuestos:

Pretérito perfecto

he dicho
has dicho
ha dicho
hemos dicho
habéis dicho
han dicho

Pretérito pluscuamperfecto

había dicho
habías dicho
había dicho
habíamos dicho
habíais dicho
habían dicho

Pretérito anterior

hube dicho
hubiste dicho
hubo dicho
hubimos dicho
hubisteis dicho
hubieron dicho

Futuro perfecto

habré dicho
habrás dicho
habrá dicho
habremos dicho
habréis dicho
habrán dicho

Condicional compuesto

habría dicho
habrías dicho
habría dicho
habríamos dicho
habríais dicho
habrían dicho

MODO SUBJUNTIVO

Tiempos simples:			Tiempos compuestos:			
Presente			*Pretérito perfecto*			
diga			haya	dicho		
digas			hayas	dicho		
diga			haya	dicho		
digamos			hayamos	dicho		
digáis			hayáis	dicho		
digan			hayan	dicho		
Pretérito imperfecto			*Pretérito pluscuamperfecto*			
dijese	*o*	-era	hubiese	*o*	-iera	dicho
dijeses	*o*	-eras	hubieses	*o*	-ieras	"
dijese	*o*	-era	hubiese	*o*	-iera	"
dijésemos	*o*	-éramos	hubiésemos	*o*	-iéramos	"
dijeseis	*o*	-erais	hubieseis	*o*	-ierais	"
dijesen	*o*	-eran	hubiesen	*o*	-ieran	"
Futuro imperfecto			*Futuro perfecto*			
dijere			hubiere	dicho		
dijeres			hubieres	dicho		
dijere			hubiere	dicho		
dijéremos			hubiéremos	dicho		
dijereis			hubiereis	dicho		
dijeren			hubieren	dicho		

MODO IMPERATIVO

Presente

di
decid

Formas no personales

Simples:		Compuestas:		
Infinitivo:	decir	*Infinitivo:*	haber	dicho
Gerundio:	diciendo	*Gerundio*	habiendo	dicho
Participio:	dicho			

49 DESCALZAR

Formas personales

MODO INDICATIVO

Tiempos simples:

Presente

descalzo
descalzas
descalza
descalzamos
descalzáis
descalzan

Pretérito imperfecto

descalzaba
descalzabas
descalzaba
descalzábamos
descalzabais
descalzaban

Pretérito perfecto simple

descalcé
descalzaste
descalzó
descalzamos
descalzasteis
descalzaron

Futuro imperfecto

descalzaré
descalzarás
descalzará
descalzaremos
descalzaréis
descalzarán

Condicional simple

descalzaría
descalzarías
descalzaría
descalzaríamos
descalzaríais
descalzarían

Tiempos compuestos:

Pretérito perfecto

he descalzado
has descalzado
ha descalzado
hemos descalzado
habéis descalzado
han descalzado

Pretérito pluscuamperfecto

había descalzado
habías descalzado
había descalzado
habíamos descalzado
habíais descalzado
habían descalzado

Pretérito anterior

hube descalzado
hubiste descalzado
hubo descalzado
hubimos descalzado
hubisteis descalzado
hubieron descalzado

Futuro perfecto

habré descalzado
habrás descalzado
habrá descalzado
habremos descalzado
habréis descalzado
habrán descalzado

Condicional compuesto

habría descalzado
habrías descalzado
habría descalzado
habríamos descalzado
habríais descalzado
habrían descalzado

MODO SUBJUNTIVO

Tiempos simples:		Tiempos compuestos:	
Presente		*Pretérito perfecto*	
descalce		haya	descalzado
descalces		hayas	descalzado
descalce		haya	descalzado
descalcemos		hayamos	descalzado
descalcéis		hayáis	descalzado
descalcen		hayan	descalzado
Pretérito imperfecto		*Pretérito pluscuamperfecto*	
descalzase	*o* -ara	hubiese *o* -iera	descalzado
descalzases	*o* -aras	hubieses *o* -ieras	"
descalzase	*o* -ara	hubiese *o* -iera	"
descalzásemos	*o* -áramos	hubiésemos *o* -iéramos	"
descalzaseis	*o* -arais	hubieseis *o* -ierais	"
descalzasen	*o* -aran	hubiesen *o* -ieran	"
Futuro imperfecto		*Futuro perfecto*	
descalzare		hubiere	descalzado
descalzares		hubieres	descalzado
descalzare		hubiere	descalzado
descalzáremos		hubiéremos	descalzado
descalzareis		hubiereis	descalzado
descalzaren		hubieren	descalzado

MODO IMPERATIVO

Presente

descalza
descalzad

Formas no personales

Simples:		Compuestas:		
Infinitivo:	descalzar	*Infinitivo:*	haber	descalzado
Gerundio:	descalzando	*Gerundio*	habiendo	descalzado
Participio:	descalzado (o descalzo)			

50 DESOSAR

MODO INDICATIVO

Tiempos simples:

Presente

deshueso
deshuesas
deshuesa
desosamos
desosáis
deshuesan

Pretérito imperfecto

desosaba
desosabas
desosaba
desosábamos
desosabais
desosaban

Pretérito perfecto simple

desosé
desosaste
desosó
desosamos
desosasteis
desosaron

Futuro imperfecto

desosaré
desosarás
desosará
desosaremos
desosaréis
desosarán

Condicional simple

desosaría
desosarías
desosaría
desosaríamos
desosaríais
desosarían

Tiempos compuestos:

Pretérito perfecto

he desosado
has desosado
ha desosado
hemos desosado
habéis desosado
han desosado

Pretérito pluscuamperfecto

había desosado
habías desosado
había desosado
habíamos desosado
habíais desosado
habían desosado

Pretérito anterior

hube desosado
hubiste desosado
hubo desosado
hubimos desosado
hubisteis desosado
hubieron desosado

Futuro perfecto

habré desosado
habrás desosado
habrá desosado
habremos desosado
habréis desosado
habrán desosado

Condicional compuesto

habría desosado
habrías desosado
habría desosado
habríamos desosado
habríais desosado
habrían desosado

MODO SUBJUNTIVO

Tiempos simples:

Presente

deshuese
deshueses
deshuese
desosemos
desoséis
deshuesen

Pretérito imperfecto

desosase	*o*	-ara
desosases	*o*	-aras
desosase	*o*	-ara
desosásemos	*o*	-áramos
desosaseis	*o*	-arais
desosasen	*o*	-aran

Futuro imperfecto

desosare
desosares
desosare
desosáremos
desosareis
desosaren

Tiempos compuestos:

Pretérito perfecto

haya	desosado
hayas	desosado
haya	desosado
hayamos	desosado
hayáis	desosado
hayan	desosado

Pretérito pluscuamperfecto

hubiese	*o*	-iera	desosado
hubieses	*o*	-ieras	"
hubiese	*o*	-iera	"
hubiésemos	*o*	-iéramos	"
hubieseis	*o*	-ierais	"
hubiesen	*o*	-ieran	"

Futuro perfecto

hubiere	desosado
hubieres	desosado
hubiere	desosado
hubiéremos	desosado
hubiereis	desosado
hubieren	desosado

MODO IMPERATIVO

Presente

deshuesa
desosad

Formas no personales

Simples:

Infinitivo: desosar
Gerundio: desosando
Participio: desosado

Compuestas:

Infinitivo: haber desosado
Gerundio habiendo desosado

51 DESPERTAR

MODO INDICATIVO

Tiempos simples:

Presente

despierto
despiertas
despierta
despertamos
despertáis
despiertan

Pretérito imperfecto

despertaba
despertabas
despertaba
despertábamos
despertabais
despertaban

Pretérito perfecto simple

desperté
despertaste
despertó
despertamos
despertasteis
despertaron

Futuro imperfecto

despertaré
despertarás
despertará
despertaremos
despertaréis
despertarán

Condicional simple

despertaría
despertarías
despertaría
despertaríamos
despertaríais
despertarían

Tiempos compuestos:

Pretérito perfecto

he despertado
has despertado
ha despertado
hemos despertado
habéis despertado
han despertado

Pretérito pluscuamperfecto

había despertado
habías despertado
había despertado
habíamos despertado
habíais despertado
habían despertado

Pretérito anterior

hube despertado
hubiste despertado
hubo despertado
hubimos despertado
hubisteis despertado
hubieron despertado

Futuro perfecto

habré despertado
habrás despertado
habrá despertado
habremos despertado
habréis despertado
habrán despertado

Condicional compuesto

habría despertado
habrías despertado
habría despertado
habríamos despertado
habríais despertado
habrían despertado

MODO SUBJUNTIVO

Tiempos simples:

Presente

despierte
despiertes
despierte
despertemos
despertéis
despierten

Pretérito imperfecto

despertase	*o*	-ara
despertases	*o*	-aras
despertase	*o*	-ara
despertásemos	*o*	-áramos
despertaseis	*o*	-arais
despertasen	*o*	-aran

Futuro imperfecto

despertare
despertares
despertare
despertáremos
despertareis
despertaren

Tiempos compuestos:

Pretérito perfecto

haya	despertado
hayas	despertado
haya	despertado
hayamos	despertado
hayáis	despertado
hayan	despertado

Pretérito pluscuamperfecto

hubiese	*o*	-iera	despertado
hubieses	*o*	-ieras	"
hubiese	*o*	-iera	"
hubiésemos	*o*	-iéramos	"
hubieseis	*o*	-ierais	"
hubiesen	*o*	-ieran	"

Futuro perfecto

hubiere	despertado
hubieres	despertado
hubiere	despertado
hubiéremos	despertado
hubiereis	despertado
hubieren	despertado

MODO IMPERATIVO

Presente

despierta
despertad

Formas no personales

Simples:

Infinitivo: despertar

Gerundio: despertando

Participio: despertado (o despierto)

Compuestas:

Infinitivo: haber despertado

Gerundio habiendo despertado

MODO INDICATIVO

Tiempos simples:

Presente

difundo
difundes
difunde
difundimos
difundís
difunden

Pretérito imperfecto

difundía
difundías
difundía
difundíamos
difundíais
difundían

Pretérito perfecto simple

difundí
difundiste
difundió
difundimos
difundisteis
difundieron

Futuro imperfecto

difundiré
difundirás
difundirá
difundiremos
difundiréis
difundirán

Condicional simple

difundiría
difundirías
difundiría
difundiríamos
difundiríais
difundirían

Tiempos compuestos:

Pretérito perfecto

he difundido
has difundido
ha difundido
hemos difundido
habéis difundido
han difundido

Pretérito pluscuamperfecto

había difundido
habías difundido
había difundido
habíamos difundido
habíais difundido
habían difundido

Pretérito anterior

hube difundido
hubiste difundido
hubo difundido
hubimos difundido
hubisteis difundido
hubieron difundido

Futuro perfecto

habré difundido
habrás difundido
habrá difundido
habremos difundido
habréis difundido
habrán difundido

Condicional compuesto

habría difundido
habrías difundido
habría difundido
habríamos difundido
habríais difundido
habrían difundido

MODO SUBJUNTIVO

Tiempos simples:

Presente

difunda
difundas
difunda
difundamos
difundáis
difundan

Pretérito imperfecto

difundiese	*o*	-iera
difundieses	*o*	-ieras
difundiese	*o*	-iera
difundiésemos	*o*	-iéramos
difundieseis	*o*	-ierais
difundiesen	*o*	-ieran

Futuro imperfecto

difundiere
difundieres
difundiere
difundiéremos
difundiereis
difundieren

Tiempos compuestos:

Pretérito perfecto

haya	difundido
hayas	difundido
haya	difundido
hayamos	difundido
hayáis	difundido
hayan	difundido

Pretérito pluscuamperfecto

hubiese	*o*	-iera	difundido
hubieses	*o*	-ieras	"
hubiese	*o*	-iera	"
hubiésemos	*o*	-iéramos	"
hubieseis	*o*	-ierais	"
hubiesen	*o*	-ieran	"

Futuro perfecto

hubiere	difundido
hubieres	difundido
hubiere	difundido
hubiéremos	difundido
hubiereis	difundido
hubieren	difundido

MODO IMPERATIVO

Presente

difunde
difundid

Formas no personales

Simples:

Infinitivo: difundir
Gerundio: difundiendo
Participio: difundido (o difuso)

Compuestas:

Infinitivo: haber difundido
Gerundio habiendo difundido

MODO INDICATIVO

Tiempos simples:

Presente

discierno
disciernes
discierne
discernimos
discernís
disciernen

Pretérito imperfecto

discernía
discernías
discernía
discerníamos
discerníais
discernían

Pretérito perfecto simple

discerní
discerniste
discernió
discernimos
discernisteis
discernieron

Futuro imperfecto

discerniré
discernirás
discernirá
discerniremos
discerniréis
discernirán

Condicional simple

discerniría
discernirías
discerniría
discerniríamos
discerniríais
discernirían

Tiempos compuestos:

Pretérito perfecto

he discernido
has discernido
ha discernido
hemos discernido
habéis discernido
han discernido

Pretérito pluscuamperfecto

había discernido
habías discernido
había discernido
habíamos discernido
habíais discernido
habían discernido

Pretérito anterior

hube discernido
hubiste discernido
hubo discernido
hubimos discernido
hubisteis discernido
hubieron discernido

Futuro perfecto

habré discernido
habrás discernido
habrá discernido
habremos discernido
habréis discernido
habrán discernido

Condicional compuesto

habría discernido
habrías discernido
habría discernido
habríamos discernido
habríais discernido
habrían discernido

MODO SUBJUNTIVO

Tiempos simples:			Tiempos compuestos:			
Presente			*Pretérito perfecto*			
discierna			haya	discernido		
disciernas			hayas	discernido		
discierna			haya	discernido		
discernamos			hayamos	discernido		
discernáis			hayáis	discernido		
disciernan			hayan	discernido		
Pretérito imperfecto			*Pretérito pluscuamperfecto*			
discerniese	*o*	-iera	hubiese	*o*	-iera	discernido
discernieses	*o*	-ieras	hubieses	*o*	-ieras	"
discerniese	*o*	-iera	hubiese	*o*	-iera	"
discerniésemos	*o*	-iéramos	hubiésemos	*o*	-iéramos	"
discernieseis	*o*	-ierais	hubieseis	*o*	-ierais	"
discerniesen	*o*	-ieran	hubiesen	*o*	-ieran	"
Futuro imperfecto			*Futuro perfecto*			
discerniere			hubiere	discernido		
discernieres			hubieres	discernido		
discerniere			hubiere	discernido		
discerniéremos			hubiéremos	discernido		
discerniereis			hubiereis	discernido		
discernieren			hubieren	discernido		

MODO IMPERATIVO

Presente

discierne
discernid

Formas no personales

Simples:		Compuestas:		
Infinitivo:	discernir	*Infinitivo:*	haber	discernido
Gerundio:	discerniendo	*Gerundio*	habiendo	discernido
Participio:	discernido			

MODO INDICATIVO

Tiempos simples:

Presente

divierto
diviertes
divierte
divertimos
divertís
divierten

Pretérito imperfecto

divertía
divertías
divertía
divertíamos
divertíais
divertían

Pretérito perfecto simple

divertí
divertiste
divirtió
divertimos
divertisteis
divirtieron

Futuro imperfecto

divertiré
divertirás
divertirá
divertiremos
divertiréis
divertirán

Condicional simple

divertiría
divertirías
divertiría
divertiríamos
divertiríais
divertirían

Tiempos compuestos:

Pretérito perfecto

he divertido
has divertido
ha divertido
hemos divertido
habéis divertido
han divertido

Pretérito pluscuamperfecto

había divertido
habías divertido
había divertido
habíamos divertido
habíais divertido
habían divertido

Pretérito anterior

hube divertido
hubiste divertido
hubo divertido
hubimos divertido
hubisteis divertido
hubieron divertido

Futuro perfecto

habré divertido
habrás divertido
habrá divertido
habremos divertido
habréis divertido
habrán divertido

Condicional compuesto

habría divertido
habrías divertido
habría divertido
habríamos divertido
habríais divertido
habrían divertido

MODO SUBJUNTIVO

Tiempos simples:		Tiempos compuestos:	
Presente		*Pretérito perfecto*	
divierta		haya	divertido
diviertas		hayas	divertido
divierta		haya	divertido
divirtamos		hayamos	divertido
divirtáis		hayáis	divertido
diviertan		hayan	divertido

Pretérito imperfecto			*Pretérito pluscuamperfecto*			
divirtiese	*o*	-iera	hubiese	*o*	-iera	divertido
divirtieses	*o*	-ieras	hubieses	*o*	-ieras	"
divirtiese	*o*	-iera	hubiese	*o*	-iera	"
divirtiésemos	*o*	-iéramos	hubiésemos	*o*	-iéramos	"
divirtieseis	*o*	-ierais	hubieseis	*o*	-ierais	"
divirtiesen	*o*	-ieran	hubiesen	*o*	-ieran	"

Futuro imperfecto	*Futuro perfecto*	
divirtiere	hubiere	divertido
divirtieres	hubieres	divertido
divirtiere	hubiere	divertido
divirtiéremos	hubiéremos	divertido
divirtiereis	hubiereis	divertido
divirtieren	hubieren	divertido

MODO IMPERATIVO

Presente

divierte
divertid

Formas no personales

Simples:		Compuestas:		
Infinitivo:	divertir	*Infinitivo:*	haber	divertido
Gerundio:	divirtiendo	*Gerundio*	habiendo	divertido
Participio:	divertido			

MODO INDICATIVO

Tiempos simples:

Presente

duermo
duermes
duerme
dormimos
dormís
duermen

Pretérito imperfecto

dormía
dormías
dormía
dormíamos
dormíais
dormían

Pretérito perfecto simple

dormí
dormiste
durmió
dormimos
dormisteis
durmieron

Futuro imperfecto

dormiré
dormirás
dormirá
dormiremos
dormiréis
dormirán

Condicional simple

dormiría
dormirías
dormiría
dormiríamos
dormiríais
dormirían

Tiempos compuestos:

Pretérito perfecto

he dormido
has dormido
ha dormido
hemos dormido
habéis dormido
han dormido

Pretérito pluscuamperfecto

había dormido
habías dormido
había dormido
habíamos dormido
habíais dormido
habían dormido

Pretérito anterior

hube dormido
hubiste dormido
hubo dormido
hubimos dormido
hubisteis dormido
hubieron dormido

Futuro perfecto

habré dormido
habrás dormido
habrá dormido
habremos dormido
habréis dormido
habrán dormido

Condicional compuesto

habría dormido
habrías dormido
habría dormido
habríamos dormido
habríais dormido
habrían dormido

MODO SUBJUNTIVO

Tiempos simples:			Tiempos compuestos:			
Presente			*Pretérito perfecto*			
duerma			haya	dormido		
duermas			hayas	dormido		
duerma			haya	dormido		
durmamos			hayamos	dormido		
durmáis			hayáis	dormido		
duerman			hayan	dormido		
Pretérito imperfecto			*Pretérito pluscuamperfecto*			
durmiese	*o*	-iera	hubiese	*o*	-iera	dormido
durmieses	*o*	-ieras	hubieses	*o*	-ieras	"
durmiese	*o*	-iera	hubiese	*o*	-iera	"
durmiésemos	*o*	-iéramos	hubiésemos	*o*	-iéramos	"
durmieseis	*o*	-ierais	hubieseis	*o*	-ierais	"
durmiesen	*o*	-ieran	hubiesen	*o*	-ieran	"
Futuro imperfecto			*Futuro perfecto*			
durmiere			hubiere	dormido		
durmieres			hubieres	dormido		
durmiere			hubiere	dormido		
durmiéremos			hubiéremos	dormido		
durmiereis			hubiereis	dormido		
durmieren			hubieren	dormido		

MODO IMPERATIVO

Presente

duerme
dormid

Formas no personales

Simples:		Compuestas:		
Infinitivo:	dormir	*Infinitivo:*	haber	dormido
Gerundio:	durmiendo	*Gerundio*	habiendo	dormido
Participio:	dormido			

Formas personales

MODO INDICATIVO

Tiempos simples:	**Tiempos compuestos:**	
Presente	*Pretérito perfecto*	
elijo	he	elegido
eliges	has	elegido
elige	ha	elegido
elegimos	hemos	elegido
elegís	habéis	elegido
eligen	han	elegido
Pretérito imperfecto	*Pretérito pluscuamperfecto*	
elegía	había	elegido
elegías	habías	elegido
elegía	había	elegido
elegíamos	habíamos	elegido
elegíais	habíais	elegido
elegían	habían	elegido
Pretérito perfecto simple	*Pretérito anterior*	
elegí	hube	elegido
elegiste	hubiste	elegido
eligió	hubo	elegido
elegimos	hubimos	elegido
elegisteis	hubisteis	elegido
eligieron	hubieron	elegido
Futuro imperfecto	*Futuro perfecto*	
elegiré	habré	elegido
elegirás	habrás	elegido
elegirá	habrá	elegido
elegiremos	habremos	elegido
elegiréis	habréis	elegido
elegirán	habrán	elegido
Condicional simple	*Condicional compuesto*	
elegiría	habría	elegido
elegirías	habrías	elegido
elegiría	habría	elegido
elegiríamos	habríamos	elegido
elegiríais	habríais	elegido
elegirían	habrían	elegido

MODO SUBJUNTIVO

Tiempos simples:

Presente

elija
elijas
elija
elijamos
elijáis
elijan

Pretérito imperfecto

eligiese	*o*	-iera
eligieses	*o*	-ieras
eligiese	*o*	-iera
eligiésemos	*o*	-iéramos
eligieseis	*o*	-ierais
eligiesen	*o*	-ieran

Futuro imperfecto

eligiere
eligieres
eligiere
eligiéremos
eligiereis
eligieren

Tiempos compuestos:

Pretérito perfecto

haya	elegido
hayas	elegido
haya	elegido
hayamos	elegido
hayáis	elegido
hayan	elegido

Pretérito pluscuamperfecto

hubiese	*o*	-iera	elegido
hubieses	*o*	-ieras	"
hubiese	*o*	-iera	"
hubiésemos	*o*	-iéramos	"
hubieseis	*o*	-ierais	"
hubiesen	*o*	-ieran	"

Futuro perfecto

hubiere	elegido
hubieres	elegido
hubiere	elegido
hubiéremos	elegido
hubiereis	elegido
hubieren	elegido

MODO IMPERATIVO

Presente

elige
elegid

Formas no personales

Simples:

Infinitivo: elegir
Gerundio: eligiendo
Participio: elegido (o electo)

Compuestas:

Infinitivo: haber elegido
Gerundio habiendo elegido

57 EMBAÍR (defectivo)

Formas personales

MODO INDICATIVO

Tiempos simples:

Presente

—
—
—
embaímos
embaís
—

Pretérito imperfecto

embaía
embaías
embaía
embaíamos
embaíais
embaían

Pretérito perfecto simple

embaí
embaiste
embayó
embaímos
embaísteis
embayeron

Futuro imperfecto

embairé
embairás
embairá
embairemos
embairéis
embairán

Condicional simple

embairía
embairías
embairía
embairíamos
embairíais
embairían

Tiempos compuestos:

Pretérito perfecto

—
—
—
hemos embaído
habéis embaído
—

Pretérito pluscuamperfecto

había embaído
habías embaído
había embaído
habíamos embaído
habíais embaído
habían embaído

Pretérito anterior

hube embaído
hubiste embaído
hubo embaído
hubimos embaído
hubisteis embaído
hubieron embaído

Futuro perfecto

habré embaído
habrás embaído
habrá embaído
habremos embaído
habréis embaído
habrán embaído

Condicional compuesto

habría embaído
habrías embaído
habría embaído
habríamos embaído
habríais embaído
habrían embaído

MODO SUBJUNTIVO

Tiempos simples:	Tiempos compuestos:
Presente	*Pretérito perfecto*
(no tiene)	(no tiene)

Pretérito imperfecto

embayese	*o*	-yera
embayeses	*o*	-yeras
embayese	*o*	-yera
embayésemos	*o*	-yéramos
embayeseis	*o*	-yerais
embayesen	*o*	-yeran

Pretérito pluscuamperfecto

hubiese	*o*	-iera	embaído
hubieses	*o*	-ieras	"
hubiese	*o*	-iera	"
hubiésemos	*o*	-iéramos	"
hubieseis	*o*	-ierais	"
hubiesen	*o*	-ieran	"

Futuro imperfecto

embayere
embayeres
embayere
embayéremos
embayereis
embayeren

Futuro perfecto

hubiere	embaído
hubieres	embaído
hubiere	embaído
hubiéremos	embaído
hubiereis	embaído
hubieren	embaído

MODO IMPERATIVO

Presente

—
embaíd

Formas no personales

Simples:

Infinitivo: embaír
Gerundio: embayendo
Participio: embaído

Compuestas:

Infinitivo: haber embaído
Gerundio habiendo embaído

MODO INDICATIVO

Tiempos simples:

Presente

embauco
embaucas
embauca
embaucamos
embaucáis
embaucan

Pretérito imperfecto

embaucaba
embaucabas
embaucaba
embaucábamos
embaucabais
embaucaban

Pretérito perfecto simple

embauqué
embaucaste
embaucó
embaucamos
embaucasteis
embaucaron

Futuro imperfecto

embaucaré
embaucarás
embaucará
embaucaremos
embaucaréis
embaucarán

Condicional simple

embaucaría
embaucarías
embaucaría
embaucaríamos
embaucaríais
embaucarían

Tiempos compuestos:

Pretérito perfecto

he embaucado
has embaucado
ha embaucado
hemos embaucado
habéis embaucado
han embaucado

Pretérito pluscuamperfecto

había embaucado
habías embaucado
había embaucado
habíamos embaucado
habíais embaucado
habían embaucado

Pretérito anterior

hube embaucado
hubiste embaucado
hubo embaucado
hubimos embaucado
hubisteis embaucado
hubieron embaucado

Futuro perfecto

habré embaucado
habrás embaucado
habrá embaucado
habremos embaucado
habréis embaucado
habrán embaucado

Condicional compuesto

habría embaucado
habrías embaucado
habría embaucado
habríamos embaucado
habríais embaucado
habrían embaucado

MODO SUBJUNTIVO

Tiempos simples:

Presente

embauque
embauques
embauque
embauquemos
embauquéis
embauquen

Pretérito imperfecto

embaucase	*o*	-ara
embaucases	*o*	-aras
embaucase	*o*	-ara
embaucásemos	*o*	-áramos
embaucaseis	*o*	-arais
embaucasen	*o*	-aran

Futuro imperfecto

embaucare
embaucares
embaucare
embaucáremos
embaucareis
embaucaren

Tiempos compuestos:

Pretérito perfecto

haya	embaucado
hayas	embaucado
haya	embaucado
hayamos	embaucado
hayáis	embaucado
hayan	embaucado

Pretérito pluscuamperfecto

hubiese	*o*	-iera	embaucado
hubieses	*o*	-ieras	"
hubiese	*o*	-iera	"
hubiésemos	*o*	-iéramos	"
hubieseis	*o*	-ierais	"
hubiesen	*o*	-ieran	"

Futuro perfecto

hubiere	embaucado
hubieres	embaucado
hubiere	embaucado
hubiéremos	embaucado
hubiereis	embaucado
hubieren	embaucado

MODO IMPERATIVO

Presente

embauca
embaucad

Formas no personales

Simples:

Infinitivo: embaucar
Gerundio: embaucando
Participio: embaucado

Compuestas:

Infinitivo: haber embaucado
Gerundio habiendo embaucado

59 ENJUGAR

MODO INDICATIVO

Tiempos simples:

Presente

enjuego
enjuegas
enjuega
enjugamos
enjugáis
enjuegan

Pretérito imperfecto

enjugaba
enjugabas
enjugaba
enjugábamos
enjugabais
enjugaban

Pretérito perfecto simple

enjugué
enjugaste
enjugó
enjugamos
enjugasteis
enjugaron

Futuro imperfecto

enjugaré
enjugarás
enjugará
enjugaremos
enjugaréis
enjugarán

Condicional simple

enjugaría
enjugarías
enjugaría
enjugaríamos
enjugaríais
enjugarían

Tiempos compuestos:

Pretérito perfecto

he enjugado
has enjugado
ha enjugado
hemos enjugado
habéis enjugado
han enjugado

Pretérito pluscuamperfecto

había enjugado
habías enjugado
había enjugado
habíamos enjugado
habíais enjugado
habían enjugado

Pretérito anterior

hube enjugado
hubiste enjugado
hubo enjugado
hubimos enjugado
hubisteis enjugado
hubieron enjugado

Futuro perfecto

habré enjugado
habrás enjugado
habrá enjugado
habremos enjugado
habréis enjugado
habrán enjugado

Condicional compuesto

habría enjugado
habrías enjugado
habría enjugado
habríamos enjugado
habríais enjugado
habrían enjugado

MODO SUBJUNTIVO

Tiempos simples:

Presente

enjuegue
enjuegues
enjuegue
enjuguemos
enjuguéis
enjueguen

Pretérito imperfecto

enjugase	*o*	-ara
enjugases	*o*	-aras
enjugase	*o*	-ara
enjugásemos	*o*	-áramos
enjugaseis	*o*	-arais
enjugasen	*o*	-aran

Futuro imperfecto

enjugare
enjugares
enjugare
enjugáremos
enjugareis
enjugaren

Tiempos compuestos:

Pretérito perfecto

haya	enjugado
hayas	enjugado
haya	enjugado
hayamos	enjugado
hayáis	enjugado
hayan	enjugado

Pretérito pluscuamperfecto

hubiese	*o*	-iera	enjugado
hubieses	*o*	-ieras	"
hubiese	*o*	-iera	"
hubiésemos	*o*	-iéramos	"
hubieseis	*o*	-ierais	"
hubiesen	*o*	-ieran	"

Futuro perfecto

hubiere	enjugado
hubieres	enjugado
hubiere	enjugado
hubiéremos	enjugado
hubiereis	enjugado
hubieren	enjugado

MODO IMPERATIVO

Presente

enjuega
enjugad

Formas no personales

Simples:

Infinitivo: enjugar
Gerundio: enjugando
Participio: enjugado (o enjuto)

Compuestas:

Infinitivo: haber enjugado
Gerundio habiendo enjugado

MODO INDICATIVO

Tiempos simples:

Presente

entiendo
entiendes
entiende
entendemos
entendéis
entienden

Pretérito imperfecto

entendía
entendías
entendía
entendíamos
entendíais
entendían

Pretérito perfecto simple

entendí
entendiste
entendió
entendimos
entendisteis
entendieron

Futuro imperfecto

entenderé
entenderás
entenderá
entenderemos
entenderéis
entenderán

Condicional simple

entendería
entenderías
entendería
entenderíamos
entenderíais
entenderían

Tiempos compuestos:

Pretérito perfecto

he entendido
has entendido
ha entendido
hemos entendido
habéis entendido
han entendido

Pretérito pluscuamperfecto

había entendido
habías entendido
había entendido
habíamos entendido
habíais entendido
habían entendido

Pretérito anterior

hube entendido
hubiste entendido
hubo entendido
hubimos entendido
hubisteis entendido
hubieron entendido

Futuro perfecto

habré entendido
habrás entendido
habrá entendido
habremos entendido
habréis entendido
habrán entendido

Condicional compuesto

habría entendido
habrías entendido
habría entendido
habríamos entendido
habríais entendido
habrían entendido

MODO SUBJUNTIVO

Tiempos simples:

Presente

entienda
entiendas
entienda
entendamos
entendáis
entiendan

Pretérito imperfecto

entendiese	*o*	-iera
entendieses	*o*	-ieras
entendiese	*o*	-iera
entendiésemos	*o*	-iéramos
entendieseis	*o*	-ierais
entendiesen	*o*	-ieran

Futuro imperfecto

entendiere
entendieres
entendiere
entendiéremos
entendiereis
entendieren

Tiempos compuestos:

Pretérito perfecto

haya	entendido
hayas	entendido
haya	entendido
hayamos	entendido
hayáis	entendido
hayan	entendido

Pretérito pluscuamperfecto

hubiese	*o*	-iera	entendido
hubieses	*o*	-ieras	"
hubiese	*o*	-iera	"
hubiésemos	*o*	-iéramos	"
hubieseis	*o*	-ierais	"
hubiesen	*o*	-ieran	"

Futuro perfecto

hubiere	entendido
hubieres	entendido
hubiere	entendido
hubiéremos	entendido
hubiereis	entendido
hubieren	entendido

MODO IMPERATIVO

Presente

entiende
entended

Formas no personales

Simples:

Infinitivo: entender
Gerundio: entendiendo
Participio: entendido

Compuestas:

Infinitivo: haber entendido
Gerundio habiendo entendido

MODO INDICATIVO

Tiempos simples:

Presente

yergo (o irgo)
yergues (o irgues)
yergue (o irgue)
erguimos
erguís
yerguen (o irguen)

Pretérito imperfecto

erguía
erguías
erguía
erguíamos
erguíais
erguían

Pretérito perfecto simple

erguí
erguiste
irguió
erguimos
erguisteis
irguieron

Futuro imperfecto

erguiré
erguirás
erguirá
erguiremos
erguiréis
erguirán

Condicional simple

erguiría
erguirías
erguiría
erguiríamos
erguiríais
erguirían

Tiempos compuestos:

Pretérito perfecto

he erguido
has erguido
ha erguido
hemos erguido
habéis erguido
han erguido

Pretérito pluscuamperfecto

había erguido
habías erguido
había erguido
habíamos erguido
habíais erguido
habían erguido

Pretérito anterior

hube erguido
hubiste erguido
hubo erguido
hubimos erguido
hubisteis erguido
hubieron erguido

Futuro perfecto

habré erguido
habrás erguido
habrá erguido
habremos erguido
habréis erguido
habrán erguido

Condicional compuesto

habría erguido
habrías erguido
habría erguido
habríamos erguido
habríais erguido
habrían erguido

MODO SUBJUNTIVO

Tiempos simples:	Tiempos compuestos:
Presente	*Pretérito perfecto*
yerga (o irga)	haya erguido
yergas (o irgas)	hayas erguido
yerga (o irga)	haya erguido
yergamos (o irgamos)	hayamos erguido
yergáis (o irgáis)	hayáis erguido
yergan (o irgan)	hayan erguido
Pretérito imperfecto	*Pretérito pluscuamperfecto*
irguiese *o* -iera	hubiese *o* -iera erguido
irguieses *o* -ieras	hubieses *o* -ieras "
irguiese *o* -iera	hubiese *o* -iera "
irguiésemos *o* -iéramos	hubiésemos *o* -iéramos "
irguieseis *o* -ierais	hubieseis *o* -ierais "
irguiesen *o* -ieran	hubiesen *o* -ieran "
Futuro imperfecto	*Futuro perfecto*
irguiere	hubiere erguido
irguieres	hubieres erguido
irguiere	hubiere erguido
irguiéremos	hubiéremos erguido
irguiereis	hubiereis erguido
irguieren	hubieren erguido

MODO IMPERATIVO

Presente

yergue (o irgue)
erguid

Formas no personales

Simples:		Compuestas:		
Infinitivo:	erguir	*Infinitivo:*	haber	erguido
Gerundio:	irguiendo	*Gerundio*	habiendo	erguido
Participio:	erguido			

MODO INDICATIVO

Tiempos simples:

Presente

yerro
yerras
yerra
erramos
erráis
yerran

Pretérito imperfecto

erraba
errabas
erraba
errábamos
errabais
erraban

Pretérito perfecto simple

erré
erraste
erró
erramos
errasteis
erraron

Futuro imperfecto

erraré
errarás
errará
erraremos
erraréis
errarán

Condicional simple

erraría
errarías
erraría
erraríamos
erraríais
errarían

Tiempos compuestos:

Pretérito perfecto

he errado
has errado
ha errado
hemos errado
habéis errado
han errado

Pretérito pluscuamperfecto

había errado
habías errado
había errado
habíamos errado
habíais errado
habían errado

Pretérito anterior

hube errado
hubiste errado
hubo errado
hubimos errado
hubisteis errado
hubieron errado

Futuro perfecto

habré errado
habrás errado
habrá errado
habremos errado
habréis errado
habrán errado

Condicional compuesto

habría errado
habrías errado
habria errado
habríamos errado
habríais errado
habrían errado

MODO SUBJUNTIVO

Tiempos simples:

Presente

yerre
yerres
yerre
erremos
erréis
yerren

Pretérito imperfecto

errase	*o*	-ara
errases	*o*	-aras
errase	*o*	-ara
errásemos	*o*	-áramos
erraseis	*o*	-arais
errasen	*o*	-aran

Futuro imperfecto

errare
errares
errare
erráremos
errareis
erraren

Tiempos compuestos:

Pretérito perfecto

haya	errado
hayas	errado
haya	errado
hayamos	errado
hayáis	errado
hayan	errado

Pretérito pluscuamperfecto

hubiese	*o*	-iera	errado
hubieses	*o*	-ieras	"
hubiese	*o*	-iera	"
hubiésemos	*o*	-iéramos	"
hubieseis	*o*	-ierais	"
hubiesen	*o*	-ieran	"

Futuro perfecto

hubiere	errado
hubieres	errado
hubiere	errado
hubiéremos	errado
hubiereis	errado
hubieren	errado

MODO IMPERATIVO

Presente

yerra
errad

Formas no personales

Simples:

Infinitivo: errar
Gerundio: errando
Participio: errado

Compuestas:

Infinitivo: haber errado
Gerundio habiendo errado

MODO INDICATIVO

Tiempos simples:	Tiempos compuestos:
Presente	*Pretérito perfecto*
escribo	he escrito
escribes	has escrito
escribe	ha escrito
escribimos	hemos escrito
escribís	habéis escrito
escriben	han escrito
Pretérito imperfecto	*Pretérito pluscuamperfecto*
escribía	había escrito
escribías	habías escrito
escribía	había escrito
escribíamos	habíamos escrito
escribíais	habíais escrito
escribían	habían escrito
Pretérito perfecto simple	*Pretérito anterior*
escribí	hube escrito
escribiste	hubiste escrito
escribió	hubo escrito
escribimos	hubimos escrito
escribisteis	hubisteis escrito
escribieron	hubieron escrito
Futuro imperfecto	*Futuro perfecto*
escribiré	habré escrito
escribirás	habrás escrito
escribirá	habrá escrito
escribiremos	habremos escrito
escribiréis	habréis escrito
escribirán	habrán escrito
Condicional simple	*Condicional compuesto*
escribiría	habría escrito
escribirías	habrías escrito
escribiría	habría escrito
escribiríamos	habríamos escrito
escribiríais	habríais escrito
escribirían	habrían escrito

MODO SUBJUNTIVO

Tiempos simples:

Presente

escriba
escribas
escriba
escribamos
escribáis
escriban

Pretérito imperfecto

escribiese	*o*	-iera
escribieses	*o*	-ieras
escribiese	*o*	-iera
escribiésemos	*o*	-iéramos
escribieseis	*o*	-ierais
escribiesen	*o*	-ieran

Futuro imperfecto

escribiere
escribieres
escribiere
escribiéremos
escribiereis
escribieren

Tiempos compuestos:

Pretérito perfecto

haya	escrito
hayas	escrito
haya	escrito
hayamos	escrito
hayáis	escrito
hayan	escrito

Pretérito pluscuamperfecto

hubiese	*o*	-iera	escrito
hubieses	*o*	-ieras	"
hubiese	*o*	-iera	"
hubiésemos	*o*	-iéramos	"
hubieseis	*o*	-ierais	"
hubiesen	*o*	-ieran	"

Futuro perfecto

hubiere	escrito
hubieres	escrito
hubiere	escrito
hubiéremos	escrito
hubiereis	escrito
hubieren	escrito

MODO IMPERATIVO

Presente

escribe
escribid

Formas no personales

Simples:

Infinitivo: escribir
Gerundio: escribiendo
Participio: escrito

Compuestas:

Infinitivo: haber escrito
Gerundio habiendo escrito

MODO INDICATIVO

Tiempos simples:

Presente

estoy
estás
está
estamos
estáis
están

Pretérito imperfecto

estaba
estabas
estaba
estábamos
estabais
estaban

Pretérito perfecto simple

estuve
estuviste
estuvo
estuvimos
estuvisteis
estuvieron

Futuro imperfecto

estaré
estarás
estará
estaremos
estaréis
estarán

Condicional simple

estaría
estarías
estaría
estaríamos
estaríais
estarían

Tiempos compuestos:

Pretérito perfecto

he estado
has estado
ha estado
hemos estado
habéis estado
han estado

Pretérito pluscuamperfecto

había estado
habías estado
había estado
habíamos estado
habíais estado
habían estado

Pretérito anterior

hube estado
hubiste estado
hubo estado
hubimos estado
hubisteis estado
hubieron estado

Futuro perfecto

habré estado
habrás estado
habrá estado
habremos estado
habréis estado
habrán estado

Condicional compuesto

habría estado
habrías estado
habría estado
habríamos estado
habríais estado
habrían estado

MODO SUBJUNTIVO

Tiempos simples:

Presente

esté
estés
esté
estemos
estéis
esten

Pretérito imperfecto

estuviese	*o* -uviera
estuvieses	*o* -uvieras
estuviese	*o* -uviera
estuviésemos	*o* -uviéramos
estuvieseis	*o* -uvierais
estuviesen	*o* -uvieran

Futuro imperfecto

estuviere
estuvieres
estuviere
estuviéremos
estuviereis
estuvieren

Tiempos compuestos:

Pretérito perfecto

haya	estado
hayas	estado
haya	estado
hayamos	estado
hayáis	estado
hayan	estado

Pretérito pluscuamperfecto

hubiese	*o*	-iera	estado
hubieses	*o*	-ieras	"
hubiese	*o*	-iera	"
hubiésemos	*o*	-iéramos	"
hubieseis	*o*	-ierais	"
hubiesen	*o*	-ieran	"

Futuro perfecto

hubiere	estado
hubieres	estado
hubiere	estado
hubiéremos	estado
hubiereis	estado
hubieren	estado

MODO IMPERATIVO

Presente

está
estad

Formas no personales

Simples:

Infinitivo: estar
Gerundio: estando
Participio: estado

Compuestas:

Infinitivo: haber estado
Gerundio habiendo estado

MODO INDICATIVO

Tiempos simples:

Presente

excluyo
excluyes
excluye
excluimos
excluís
excluyen

Pretérito imperfecto

excluía
excluías
excluía
excluíamos
excluíais
excluían

Pretérito perfecto simple

excluí
excluiste
excluyó
excluimos
excluisteis
excluyeron

Futuro imperfecto

excluiré
excluirás
excluirá
excluiremos
excluiréis
excluirán

Condicional simple

excluiría
excluirías
excluiría
excluiríamos
excluiríais
excluirían

Tiempos compuestos:

Pretérito perfecto

he excluido
has excluido
ha excluido
hemos excluido
habéis excluido
han excluido

Pretérito pluscuamperfecto

había excluido
habías excluido
había excluido
habíamos excluido
habíais excluido
habían excluido

Pretérito anterior

hube excluido
hubiste excluido
hubo excluido
hubimos excluido
hubisteis excluido
hubieron excluido

Futuro perfecto

habré excluido
habrás excluido
habrá excluido
habremos excluido
habréis excluido
habrán excluido

Condicional compuesto

habría excluido
habrías excluido
habría excluido
habríamos excluido
habríais excluido
habrían excluido

MODO SUBJUNTIVO

Tiempos simples:

Presente

excluya
excluyas
excluya
excluyamos
excluyáis
excluyan

Pretérito imperfecto

excluyese	*o*	-yera
excluyeses	*o*	-yeras
excluyese	*o*	-yera
excluyésemos	*o*	-yéramos
excluyeseis	*o*	-yerais
excluyesen	*o*	-yeran

Futuro imperfecto

excluyere
excluyeres
excluyere
excluyéremos
excluyereis
excluyeren

Tiempos compuestos:

Pretérito perfecto

haya	excluido
hayas	excluido
haya	excluido
hayamos	excluido
hayáis	excluido
hayan	excluido

Pretérito pluscuamperfecto

hubiese	*o*	-iera	excluido
hubieses	*o*	-ieras	"
hubiese	*o*	-iera	"
hubiésemos	*o*	-iéramos	"
hubieseis	*o*	-ierais	"
hubiesen	*o*	-ieran	"

Futuro perfecto

hubiere	excluido
hubieres	excluido
hubiere	excluido
hubiéremos	excluido
hubiereis	excluido
hubieren	excluido

MODO IMPERATIVO

Presente

excluye
excluid

Formas no personales

Simples:

Infinitivo: excluir
Gerundio: excluyendo
Participio: excluido (o excluso)

Compuestas:

Infinitivo: haber excluido
Gerundio habiendo excluido

MODO INDICATIVO

Tiempos simples:

Presente

eximo
eximes
exime
eximimos
eximís
eximen

Pretérito imperfecto

eximía
eximías
eximía
eximíamos
eximíais
eximían

Pretérito perfecto simple

eximí
eximiste
eximió
eximimos
eximisteis
eximieron

Futuro imperfecto

eximiré
eximirás
eximirá
eximiremos
eximiréis
eximirán

Condicional simple

eximiría
eximirías
eximiría
eximiríamos
eximiríais
eximirían

Tiempos compuestos:

Pretérito perfecto

he eximido
has eximido
ha eximido
hemos eximido
habéis eximido
han eximido

Pretérito pluscuamperfecto

había eximido
habías eximido
había eximido
habíamos eximido
habíais eximido
habían eximido

Pretérito anterior

hube eximido
hubiste eximido
hubo eximido
hubimos eximido
hubisteis eximido
hubieron eximido

Futuro perfecto

habré eximido
habrás eximido
habrá eximido
habremos eximido
habréis eximido
habrán eximido

Condicional compuesto

habría eximido
habrías eximido
habría eximido
habríamos eximido
habríais eximido
habrían eximido

MODO SUBJUNTIVO

Tiempos simples:

Presente

exima
eximas
exima
eximamos
eximáis
eximan

Pretérito imperfecto

eximiese	*o*	-iera
eximieses	*o*	-ieras
eximiese	*o*	-iera
eximiésemos	*o*	-iéramos
eximieseis	*o*	-ierais
eximiesen	*o*	-ieran

Futuro imperfecto

eximiere
eximieres
eximiere
eximiéremos
eximiereis
eximieren

Tiempos compuestos:

Pretérito perfecto

haya	eximido
hayas	eximido
haya	eximido
hayamos	eximido
hayáis	eximido
hayan	eximido

Pretérito pluscuamperfecto

hubiese	*o*	-iera	eximido
hubieses	*o*	-ieras	"
hubiese	*o*	-iera	"
hubiésemos	*o*	-iéramos	"
hubieseis	*o*	-ierais	"
hubiesen	*o*	-ieran	"

Futuro perfecto

hubiere	eximido
hubieres	eximido
hubiere	eximido
hubiéremos	eximido
hubiereis	eximido
hubieren	eximido

MODO IMPERATIVO

Presente

exime
eximid

Formas no personales

Simples:

Infinitivo: eximir
Gerundio: eximiendo
Participio: eximido (o exento)

Compuestas:

Infinitivo: haber eximido
Gerundio habiendo eximido

67 EXPELER

MODO INDICATIVO

Tiempos simples:

Presente

expelo
expeles
expele
expelemos
expeléis
expelen

Pretérito imperfecto

expelía
expelías
expelía
expelíamos
expelíais
expelían

Pretérito perfecto simple

expelí
expeliste
expelió
expelimos
expelisteis
expelieron

Futuro imperfecto

expeleré
expelerás
expelerá
expeleremos
expeleréis
expelerán

Condicional simple

expelería
expelerías
expelería
expeleríamos
expeleríais
expelerían

Tiempos compuestos:

Pretérito perfecto

he expelido
has expelido
ha expelido
hemos expelido
habéis expelido
han expelido

Pretérito pluscuamperfecto

había expelido
habías expelido
había expelido
habíamos expelido
habíais expelido
habían expelido

Pretérito anterior

hube expelido
hubiste expelido
hubo expelido
hubimos expelido
hubisteis expelido
hubieron expelido

Futuro perfecto

habré expelido
habrás expelido
habrá expelido
habremos expelido
habréis expelido
habrán expelido

Condicional compuesto

habría expelido
habrías expelido
habría expelido
habríamos expelido
habríais expelido
habrían expelido

MODO SUBJUNTIVO

Tiempos simples:

Presente

expela
expelas
expela
expelamos
expeláis
expelan

Pretérito imperfecto

expeliese	*o*	-iera
expelieses	*o*	-ieras
expeliese	*o*	-iera
expeliésemos	*o*	-iéramos
expelieseis	*o*	-ierais
expeliesen	*o*	-ieran

Futuro imperfecto

expeliere
expelieres
expeliere
expeliéremos
expeliereis
expelieren

Tiempos compuestos:

Pretérito perfecto

haya	expelido
hayas	expelido
haya	expelido
hayamos	expelido
hayáis	expelido
hayan	expelido

Pretérito pluscuamperfecto

hubiese	*o*	-iera	expelido
hubieses	*o*	-ieras	"
hubiese	*o*	-iera	"
hubiésemos	*o*	-iéramos	"
hubieseis	*o*	-ierais	"
hubiesen	*o*	-ieran	"

Futuro perfecto

hubiere	expelido
hubieres	expelido
hubiere	expelido
hubiéremos	expelido
hubiereis	expelido
hubieren	expelido

MODO IMPERATIVO

Presente

expele
expeled

Formas no personales

Simples:

Infinitivo: expeler
Gerundio: expeliendo
Participio: expelido (o expulso)

Compuestas:

Infinitivo: haber expelido
Gerundio habiendo expelido

MODO INDICATIVO

Tiempos simples:

Presente

expreso
expresas
expresa
expresamos
expresáis
expresan

Pretérito imperfecto

expresaba
expresabas
expresaba
expresábamos
expresabais
expresaban

Pretérito perfecto simple

expresé
expresaste
expresó
expresamos
expresasteis
expresaron

Futuro imperfecto

expresaré
expresarás
expresará
expresaremos
expresaréis
expresarán

Condicional simple

expresaría
expresarías
expresaría
expresaríamos
expresaríais
expresarían

Tiempos compuestos:

Pretérito perfecto

he expresado
has expresado
ha expresado
hemos expresado
habéis expresado
han expresado

Pretérito pluscuamperfecto

había expresado
habías expresado
había expresado
habíamos expresado
habíais expresado
habían expresado

Pretérito anterior

hube expresado
hubiste expresado
hubo expresado
hubimos expresado
hubisteis expresado
hubieron expresado

Futuro perfecto

habré expresado
habrás expresado
habrá expresado
habremos expresado
habréis expresado
habrán expresado

Condicional compuesto

habría expresado
habrías expresado
habría expresado
habríamos expresado
habríais expresado
habrían expresado

MODO SUBJUNTIVO

Tiempos simples:

Presente

exprese
expreses
exprese
expresemos
expreséis
expresen

Pretérito imperfecto

expresase	*o*	-ara
expresases	*o*	-aras
expresase	*o*	-ara
expresásemos	*o*	-áramos
expresaseis	*o*	-arais
expresasen	*o*	-aran

Futuro imperfecto

expresare
expresares
expresare
expresáremos
expresareis
expresaren

Tiempos compuestos:

Pretérito perfecto

haya	expresado
hayas	expresado
haya	expresado
hayamos	expresado
hayáis	expresado
hayan	expresado

Pretérito pluscuamperfecto

hubiese	*o*	-iera	expresado
hubieses	*o*	-ieras	"
hubiese	*o*	-iera	"
hubiésemos	*o*	-iéramos	"
hubieseis	*o*	-ierais	"
hubiesen	*o*	-ieran	"

Futuro perfecto

hubiere	expresado
hubieres	expresado
hubiere	expresado
hubiéremos	expresado
hubiereis	expresado
hubieren	expresado

MODO IMPERATIVO

Presente

expresa
expresad

Formas no personales

Simples:

Infinitivo: expresar
Gerundio: expresando
Participio: expresado (o expreso)

Compuestas:

Infinitivo: haber expresado
Gerundio habiendo expresado

MODO INDICATIVO

Tiempos simples:

Presente

expulso
expulsas
expulsa
expulsamos
expulsáis
expulsan

Pretérito imperfecto

expulsaba
expulsabas
expulsaba
expulsábamos
expulsabais
expulsaban

Pretérito perfecto simple

expulsé
expulsaste
expulsó
expulsamos
expulsasteis
expulsaron

Futuro imperfecto

expulsaré
expulsarás
expulsará
expulsaremos
expulsaréis
expulsarán

Condicional simple

expulsaría
expulsarías
expulsaría
expulsaríamos
expulsaríais
expulsarían

Tiempos compuestos:

Pretérito perfecto

he expulsado
has expulsado
ha expulsado
hemos expulsado
habéis expulsado
han expulsado

Pretérito pluscuamperfecto

había expulsado
habías expulsado
había expulsado
habíamos expulsado
habíais expulsado
habían expulsado

Pretérito anterior

hube expulsado
hubiste expulsado
hubo expulsado
hubimos expulsado
hubisteis expulsado
hubieron expulsado

Futuro perfecto

habré expulsado
habrás expulsado
habrá expulsado
habremos expulsado
habréis expulsado
habrán expulsado

Condicional compuesto

habría expulsado
habrías expulsado
habría expulsado
habríamos expulsado
habríais expulsado
habrían expulsado

MODO SUBJUNTIVO

Tiempos simples:

Presente

expulse
expulses
expulse
expulsemos
expulséis
expulsen

Pretérito imperfecto

expulsase	*o*	-ara
expulsases	*o*	-aras
expulsase	*o*	-ara
expulsásemos	*o*	-áramos
expulsaseis	*o*	-arais
expulsasen	*o*	-aran

Futuro imperfecto

expulsare
expulsares
expulsare
expulsáremos
expulsareis
expulsaren

Tiempos compuestos:

Pretérito perfecto

haya	expulsado
hayas	expulsado
haya	expulsado
hayamos	expulsado
hayáis	expulsado
hayan	expulsado

Pretérito pluscuamperfecto

hubiese	*o*	-iera	expulsado
hubieses	*o*	-ieras	"
hubiese	*o*	-iera	"
hubiésemos	*o*	-iéramos	"
hubieseis	*o*	-ierais	"
hubiesen	*o*	-ieran	"

Futuro perfecto

hubiere	expulsado
hubieres	expulsado
hubiere	expulsado
hubiéremos	expulsado
hubiereis	expulsado
hubieren	expulsado

MODO IMPERATIVO

Presente

expulsa
expulsad

Formas no personales

Simples:

Infinitivo: expulsar
Gerundio: expulsando
Participio: expulsado (o expulso)

Compuestas:

Infinitivo: haber expulsado
Gerundio habiendo expulsado

MODO INDICATIVO

Tiempos simples:

Presente

extiendo
extiendes
extiende
extendemos
extendéis
extienden

Pretérito imperfecto

extendía
extendías
extendía
extendíamos
extendíais
extendían

Pretérito perfecto simple

extendí
extendiste
extendió
extendimos
extendisteis
extendieron

Futuro imperfecto

extenderé
extenderás
extenderá
extenderemos
extenderéis
extenderán

Condicional simple

extendería
extenderías
extendería
extenderíamos
extenderíais
extenderían

Tiempos compuestos:

Pretérito perfecto

he extendido
has extendido
ha extendido
hemos extendido
habéis extendido
han extendido

Pretérito pluscuamperfecto

había extendido
habías extendido
había extendido
habíamos extendido
habíais extendido
habían extendido

Pretérito anterior

hube extendido
hubiste extendido
hubo extendido
hubimos extendido
hubisteis extendido
hubieron extendido

Futuro perfecto

habré extendido
habrás extendido
habrá extendido
habremos extendido
habréis extendido
habrán extendido

Condicional compuesto

habría extendido
habrías extendido
habría extendido
habríamos extendido
habríais extendido
habrían extendido

MODO SUBJUNTIVO

Tiempos simples:		Tiempos compuestos:	
Presente		*Pretérito perfecto*	
extienda		haya	extendido
extiendas		hayas	extendido
extienda		haya	extendido
extendamos		hayamos	extendido
extendáis		hayáis	extendido
extiendan		hayan	extendido
Pretérito imperfecto		*Pretérito pluscuamperfecto*	
extendiese	*o* -iera	hubiese *o* -iera	extendido
extendieses	*o* -ieras	hubieses *o* -ieras	"
extendiese	*o* -iera	hubiese *o* -iera	"
extendiésemos	*o* -iéramos	hubiésemos *o* -iéramos	"
extendieseis	*o* -ierais	hubieseis *o* -ierais	"
extendiesen	*o* -ieran	hubiesen *o* -ieran	"
Futuro imperfecto		*Futuro perfecto*	
extendiere		hubiere	extendido
extendieres		hubieres	extendido
extendiere		hubiere	extendido
extendiéremos		hubiéremos	extendido
extendiereis		hubiereis	extendido
extendieren		hubieren	extendido

MODO IMPERATIVO

Presente

extiende
extended

Formas no personales

Simples:		Compuestas:		
Infinitivo:	extender	*Infinitivo:*	haber	extendido
Gerundio:	extendiendo	*Gerundio*	habiendo	extendido
Participio:	extendido (o extenso)			

MODO INDICATIVO

Tiempos simples:

Presente

extingo
extingues
extingue
extinguimos
extinguís
extinguen

Pretérito imperfecto

extinguía
extinguías
extinguía
extinguíamos
extinguíais
extinguían

Pretérito perfecto simple

extinguí
extinguiste
extinguió
extinguimos
extinguisteis
extinguieron

Futuro imperfecto

extinguiré
extinguirás
extinguirá
extinguiremos
extinguiréis
extinguirán

Condicional simple

extinguiría
extinguirías
extinguiría
extinguiríamos
extinguiríais
extinguirían

Tiempos compuestos:

Pretérito perfecto

he extinguido
has extinguido
ha extinguido
hemos extinguido
habéis extinguido
han extinguido

Pretérito pluscuamperfecto

había extinguido
habías extinguido
había extinguido
habíamos extinguido
habíais extinguido
habían extinguido

Pretérito anterior

hube extinguido
hubiste extinguido
hubo extinguido
hubimos extinguido
hubisteis extinguido
hubieron extinguido

Futuro perfecto

habré extinguido
habrás extinguido
habrá extinguido
habremos extinguido
habréis extinguido
habrán extinguido

Condicional compuesto

habría extinguido
habrías extinguido
habría extinguido
habríamos extinguido
habríais extinguido
habrían extinguido

MODO SUBJUNTIVO

Tiempos simples:

Presente

extinga
extingas
extinga
extingamos
extingáis
extingan

Pretérito imperfecto

extinguiese	*o*	-iera
extinguieses	*o*	-ieras
extinguiese	*o*	-iera
extinguiésemos	*o*	-iéramos
extinguieseis	*o*	-ierais
extinguiesen	*o*	-ieran

Futuro imperfecto

extinguiere
extinguieres
extinguiere
extinguiéremos
extinguiereis
extinguieren

Tiempos compuestos:

Pretérito perfecto

haya	extinguido
hayas	extinguido
haya	extinguido
hayamos	extinguido
hayáis	extinguido
hayan	extinguido

Pretérito pluscuamperfecto

hubiese	*o*	-iera	extinguido
hubieses	*o*	-ieras	"
hubiese	*o*	-iera	"
hubiésemos	*o*	-iéramos	"
hubieseis	*o*	-ierais	"
hubiesen	*o*	-ieran	"

Futuro perfecto

hubiere	extinguido
hubieres	extinguido
hubiere	extinguido
hubiéremos	extinguido
hubiereis	extinguido
hubieren	extinguido

MODO IMPERATIVO

Presente

extingue
extinguid

Formas no personales

Simples:

Infinitivo: extinguir
Gerundio: extinguiendo
Participio: extinguido (o extinto)

Compuestas:

Infinitivo: haber extinguido
Gerundio habiendo extinguido

MODO INDICATIVO

Tiempos simples:

Presente

fijo
fijas
fija
fijamos
fijáis
fijan

Pretérito imperfecto

fijaba
fijabas
fijaba
fijábamos
fijabais
fijaban

Pretérito perfecto simple

fijé
fijaste
fijó
fijamos
fijasteis
fijaron

Futuro imperfecto

fijaré
fijarás
fijará
fijaremos
fijaréis
fijarán

Condicional simple

fijaría
fijarías
fijaría
fijaríamos
fijaríais
fijarían

Tiempos compuestos:

Pretérito perfecto

he fijado
has fijado
ha fijado
hemos fijado
habéis fijado
han fijado

Pretérito pluscuamperfecto

había fijado
habías fijado
había fijado
habíamos fijado
habíais fijado
habían fijado

Pretérito anterior

hube fijado
hubiste fijado
hubo fijado
hubimos fijado
hubisteis fijado
hubieron fijado

Futuro perfecto

habré fijado
habrás fijado
habrá fijado
habremos fijado
habréis fijado
habrán fijado

Condicional compuesto

habría fijado
habrías fijado
habría fijado
habríamos fijado
habríais fijado
habrían fijado

MODO SUBJUNTIVO

Tiempos simples:

Presente

fije
fijes
fije
fijemos
fijéis
fijen

Pretérito imperfecto

fijase	*o*	-ara
fijases	*o*	-aras
fijase	*o*	-ara
fijásemos	*o*	-áramos
fijaseis	*o*	-arais
fijasen	*o*	-aran

Futuro imperfecto

fijare
fijares
fijare
fijáremos
fijareis
fijaren

Tiempos compuestos:

Pretérito perfecto

haya	fijado
hayas	fijado
haya	fijado
hayamos	fijado
hayáis	fijado
hayan	fijado

Pretérito pluscuamperfecto

hubiese	*o*	-iera	fijado
hubieses	*o*	-ieras	"
hubiese	*o*	-iera	"
hubiésemos	*o*	-iéramos	"
hubieseis	*o*	-ierais	"
hubiesen	*o*	-ieran	"

Futuro perfecto

hubiere	fijado
hubieres	fijado
hubiere	fijado
hubiéremos	fijado
hubiereis	fijado
hubieren	fijado

MODO IMPERATIVO

Presente

fija
fijad

Formas no personales

Simples:

Infinitivo: fijar
Gerundio: fijando
Participio: fijado (o fijo)

Compuestas:

Infinitivo: haber fijado
Gerundio habiendo fijado

73 FRAGUAR

MODO INDICATIVO

Tiempos simples:

Presente

fraguo
fraguas
fragua
fraguamos
fraguáis
fraguan

Pretérito imperfecto

fraguaba
fraguabas
fraguaba
fraguábamos
fraguabais
fraguaban

Pretérito perfecto simple

fragüé
fraguaste
fraguó
fraguamos
fraguasteis
fraguaron

Futuro imperfecto

fraguaré
fraguarás
fraguará
fraguaremos
fraguaréis
fraguarán

Condicional simple

fraguaría
fraguarías
fraguaría
fraguaríamos
fraguaríais
fraguarían

Tiempos compuestos:

Pretérito perfecto

he fraguado
has fraguado
ha fraguado
hemos fraguado
habéis fraguado
han fraguado

Pretérito pluscuamperfecto

había fraguado
habías fraguado
había fraguado
habíamos fraguado
habíais fraguado
habían fraguado

Pretérito anterior

hube fraguado
hubiste fraguado
hubo fraguado
hubimos fraguado
hubisteis fraguado
hubieron fraguado

Futuro perfecto

habré fraguado
habrás fraguado
habrá fraguado
habremos fraguado
habréis fraguado
habrán fraguado

Condicional compuesto

habría fraguado
habrías fraguado
habría fraguado
habríamos fraguado
habríais fraguado
habrían fraguado

MODO SUBJUNTIVO

Tiempos simples:		Tiempos compuestos:	
Presente		*Pretérito perfecto*	
fragüe		haya	fraguado
fragües		hayas	fraguado
fragüe		haya	fraguado
fragüemos		hayamos	fraguado
fragüéis		hayáis	fraguado
fragüen		hayan	fraguado
Pretérito imperfecto		*Pretérito pluscuamperfecto*	
fraguase	*o* -ara	hubiese *o* -iera	fraguado
fraguases	*o* -aras	hubieses *o* -ieras	"
fraguase	*o* -ara	hubiese *o* -iera	"
fraguásemos	*o* -áramos	hubiésemos *o* -iéramos	"
fraguaseis	*o* -arais	hubieseis *o* -ierais	"
fraguasen	*o* -aran	hubiesen *o* -ieran	"
Futuro imperfecto		*Futuro perfecto*	
fraguare		hubiere	fraguado
fraguares		hubieres	fraguado
fraguare		hubiere	fraguado
fraguáremos		hubiéremos	fraguado
fraguareis		hubiereis	fraguado
fraguaren		hubieren	fraguado

MODO IMPERATIVO

Presente

fragua
fraguad

Formas no personales

Simples:		Compuestas:		
Infinitivo:	fraguar	*Infinitivo:*	haber	fraguado
Gerundio:	fraguando	*Gerundio*	habiendo	fraguado
Participio:	fraguado			

MODO INDICATIVO

Tiempos simples:

Presente

frío
fríes
fríe
freímos
freís
fríen

Pretérito imperfecto

freía
freías
freía
freíamos
freíais
freían

Pretérito perfecto simple

freí
freíste
frió
freímos
freísteis
frieron

Futuro imperfecto

freiré
freirás
freirá
freiremos
freiréis
freirán

Condicional simple

freiría
freirías
freiría
freiría
freirías
freiría

Tiempos compuestos:

Pretérito perfecto

he frito
has frito
ha frito
hemos frito
habéis frito
han frito

Pretérito pluscuamperfecto

había frito
habías frito
había frito
habíamos frito
habíais frito
habían frito

Pretérito anterior

hube frito
hubiste frito
hubo frito
hubimos frito
hubisteis frito
hubieron frito

Futuro perfecto

habré frito
habrás frito
habrá frito
habremos frito
habréis frito
habrán frito

Condicional compuesto

habría frito
habrías frito
habría frito
habríamos frito
habríais frito
habrían frito

MODO SUBJUNTIVO

Tiempos simples:			Tiempos compuestos:			
Presente			*Pretérito perfecto*			
fría			haya	frito		
frías			hayas	frito		
fría			haya	frito		
friamos			hayamos	frito		
friáis			hayáis	frito		
frían			hayan	frito		
Pretérito imperfecto			*Pretérito pluscuamperfecto*			
friese	*o*	friera	hubiese	*o*	-iera	frito
frieses	*o*	frieras	hubieses	*o*	-ieras	"
friese	*o*	friera	hubiese	*o*	-iera	"
friésemos	*o*	friéramos	hubiésemos	*o*	-iéramos	"
frieseis	*o*	frierais	hubieseis	*o*	-ierais	"
friesen	*o*	frieran	hubiesen	*o*	-ieran	"
Futuro imperfecto			*Futuro perfecto*			
friere			hubiere	frito		
frieres			hubieres	frito		
friere			hubiere	frito		
friéremos			hubiéremos	frito		
friereis			hubiereis	frito		
frieren			hubieren	frito		

MODO IMPERATIVO

Presente

fríe
freíd

Formas no personales

Simples:		Compuestas:		
Infinitivo:	freír	*Infinitivo:*	haber	frito
Gerundio:	friendo	*Gerundio*	habiendo	frito
Participio:	frito (o freído)			

MODO INDICATIVO

Tiempos simples:			**Tiempos compuestos:**	
Presente			***Pretérito perfecto***	
he			he	habido
has			has	habido
ha	*o*	hay	ha	habido
habemos	*o*	hemos	hemos	habido
habéis			habéis	habido
han			han	habido
Pretérito imperfecto			***Pretérito pluscuamperfecto***	
había			había	habido
habías			habías	habido
había			había	habido
habíamos			habíamos	habido
habíais			habíais	habido
habían			habían	habido
Pretérito perfecto simple			***Pretérito anterior***	
hube			hube	habido
hubiste			hubiste	habido
hubo			hubo	habido
hubimos			hubimos	habido
hubisteis			hubisteis	habido
hubieron			hubieron	habido
Futuro imperfecto			***Futuro perfecto***	
habré			habré	habido
habrás			habrás	habido
habrá			habrá	habido
habremos			habremos	habido
habréis			habréis	habido
habrán			habrán	habido
Condicional simple			***Condicional compuesto***	
habría			habría	habido
habrías			habrías	habido
habría			habría	habido
habríamos			habríamos	habido
habríais			habríais	habido
habrían			habrían	habido

MODO SUBJUNTIVO

Tiempos simples:

Presente

haya
hayas
haya
hayamos
hayáis
hayan

Pretérito imperfecto

hubiese	*o*	-iera
hubieses	*o*	-ieras
hubiese	*o*	-iera
hubiésemos	*o*	-iéramos
hubieseis	*o*	-ierais
hubiesen	*o*	-ieran

Futuro imperfecto

hubiere
hubieres
hubiere
hubiéremos
hubiereis
hubieren

Tiempos compuestos:

Pretérito perfecto

haya	habido
hayas	habido
haya	habido
hayamos	habido
hayáis	habido
hayan	habido

Pretérito pluscuamperfecto

hubiese	*o*	-iera	habido
hubieses	*o*	-ieras	"
hubiese	*o*	-iera	"
hubiésemos	*o*	-iéramos	"
hubieseis	*o*	-ierais	"
hubiesen	*o*	-ieran	"

Futuro perfecto

hubiere	habido
hubieres	habido
hubiere	habido
hubiéremos	habido
hubiereis	habido
hubieren	habido

MODO IMPERATIVO

Presente

he (o habe)
habed

Formas no personales

Simples:

Infinitivo: haber
Gerundio: habiendo
Participio: habido

Compuestas:

Infinitivo: haber habido
Gerundio habiendo habido

MODO INDICATIVO

Tiempos simples:	**Tiempos compuestos:**
Presente	***Pretérito perfecto***
hago	he hecho
haces	has hecho
hace	ha hecho
hacemos	hemos hecho
hacéis	habéis hecho
hacen	han hecho
Pretérito imperfecto	***Pretérito pluscuamperfecto***
hacía	había hecho
hacías	habías hecho
hacía	había hecho
hacíamos	habíamos hecho
hacíais	habíais hecho
hacían	habían hecho
Pretérito perfecto simple	***Pretérito anterior***
hice	hube hecho
hiciste	hubiste hecho
hizo	hubo hecho
hicimos	hubimos hecho
hicisteis	hubisteis hecho
hicieron	hubieron hecho
Futuro imperfecto	***Futuro perfecto***
haré	habré hecho
harás	habrás hecho
hará	habrá hecho
haremos	habremos hecho
haréis	habréis hecho
harán	habrán hecho
Condicional simple	***Condicional compuesto***
haría	habría hecho
harías	habrías hecho
haría	habría hecho
haríamos	habríamos hecho
haríais	habríais hecho
harían	habrían hecho

MODO SUBJUNTIVO

Tiempos simples:

Presente

haga
hagas
haga
hagamos
hagáis
hagan

Pretérito imperfecto

hiciese *o* -iera
hicieses *o* -ieras
hiciese *o* -iera
hiciésemos *o* -iéramos
hicieseis *o* -ierais
hiciesen *o* -ieran

Futuro imperfecto

hiciere
hicieres
hiciere
hiciéremos
hiciereis
hicieren

Tiempos compuestos:

Pretérito perfecto

haya hecho
hayas hecho
haya hecho
hayamos hecho
hayáis hecho
hayan hecho

Pretérito pluscuamperfecto

hubiese *o* -iera hecho
hubieses *o* -ieras "
hubiese *o* -iera "
hubiésemos *o* -iéramos "
hubieseis *o* -ierais "
hubiesen *o* -ieran "

Futuro perfecto

hubiere hecho
hubieres hecho
hubiere hecho
hubiéremos hecho
hubiereis hecho
hubieren hecho

MODO IMPERATIVO

Presente

haz
haced

Formas no personales

Simples:

Infinitivo: hacer
Gerundio: haciendo
Participio: hecho

Compuestas:

Infinitivo: haber hecho
Gerundio habiendo hecho

MODO INDICATIVO

Tiempos simples:

Presente

harto
hartas
harta
hartamos
hartáis
hartan

Pretérito imperfecto

hartaba
hartabas
hartaba
hartábamos
hartabais
hartaban

Pretérito perfecto simple

harté
hartaste
hartó
hartamos
hartasteis
hartaron

Futuro imperfecto

hartaré
hartarás
hartará
hartaremos
hartaréis
hartarán

Condicional simple

hartaría
hartarías
hartaría
hartaríamos
hartaríais
hartarían

Tiempos compuestos:

Pretérito perfecto

he hartado
has hartado
ha hartado
hemos hartado
habéis hartado
han hartado

Pretérito pluscuamperfecto

había hartado
habías hartado
había hartado
habíamos hartado
habíais hartado
habían hartado

Pretérito anterior

hube hartado
hubiste hartado
hubo hartado
hubimos hartado
hubisteis hartado
hubieron hartado

Futuro perfecto

habré hartado
habrás hartado
habrá hartado
habremos hartado
habréis hartado
habrán hartado

Condicional compuesto

habría hartado
habrías hartado
habría hartado
habríamos hartado
habríais hartado
habrían hartado

MODO SUBJUNTIVO

Tiempos simples:

Presente

harte
hartes
harte
hartemos
hartéis
harten

Pretérito imperfecto

hartase	*o*	-ara
hartases	*o*	-aras
hartase	*o*	-ara
hartásemos	*o*	-áramos
hartaseis	*o*	-arais
hartasen	*o*	-aran

Futuro imperfecto

hartare
hartares
hartare
hartáremos
hartareis
hartaren

Tiempos compuestos:

Pretérito perfecto

haya	hartado
hayas	hartado
haya	hartado
hayamos	hartado
hayáis	hartado
hayan	hartado

Pretérito pluscuamperfecto

hubiese	*o*	-iera	hartado
hubieses	*o*	-ieras	"
hubiese	*o*	-iera	"
hubiésemos	*o*	-iéramos	"
hubieseis	*o*	-ierais	"
hubiesen	*o*	-ieran	"

Futuro perfecto

hubiere	hartado
hubieres	hartado
hubiere	hartado
hubiéremos	hartado
hubiereis	hartado
hubieren	hartado

MODO IMPERATIVO

Presente

harta
hartad

Formas no personales

Simples:

Infinitivo: hartar
Gerundio: hartando
Participio: hartado (o harto)

Compuestas:

Infinitivo: haber hartado
Gerundio habiendo hartado

MODO INDICATIVO

Tiempos simples:

Presente

huyo
huyes
huye
huimos
huís
huyen

Pretérito imperfecto

huía
huías
huía
huíamos
huíais
huían

Pretérito perfecto simple

huí
huiste
huyó
huimos
huisteis
huyeron

Futuro imperfecto

huiré
huirás
huirá
huiremos
huiréis
huirán

Condicional simple

huiría
huirías
huiría
huiríamos
huiríais
huirían

Tiempos compuestos:

Pretérito perfecto

he huido
has huido
ha huido
hemos huido
habéis huido
han huido

Pretérito pluscuamperfecto

había huido
habías huido
había huido
habíamos huido
habíais huido
habían huido

Pretérito anterior

hube huido
hubiste huido
hubo huido
hubimos huido
hubisteis huido
hubieron huido

Futuro perfecto

habré huido
habrás huido
habrá huido
habremos huido
habréis huido
habrán huido

Condicional compuesto

habría huido
habrías huido
habría huido
habríamos huido
habríais huido
habrían huido

MODO SUBJUNTIVO

Tiempos simples:

Presente

huya
huyas
huya
huyamos
huyáis
huyan

Pretérito imperfecto

huyese	*o*	-yera
huyeses	*o*	-yeras
huyese	*o*	-yera
huyésemos	*o*	-yéramos
huyeseis	*o*	-yerais
huyesen	*o*	-yeran

Futuro imperfecto

huyere
huyeres
huyere
huyéremos
huyereis
huyeren

Tiempos compuestos:

Pretérito perfecto

haya	huido
hayas	huido
haya	huido
hayamos	huido
hayáis	huido
hayan	huido

Pretérito pluscuamperfecto

hubiese	*o*	-iera	huido
hubieses	*o*	-ieras	"
hubiese	*o*	-iera	"
hubiésemos	*o*	-iéramos	"
hubieseis	*o*	-ierais	"
hubiesen	*o*	-ieran	"

Futuro perfecto

hubiere	huido
hubieres	huido
hubiere	huido
hubiéremos	huido
hubiereis	huido
hubieren	huido

MODO IMPERATIVO

Presente

huye
huid

Formas no personales

Simples:

Infinitivo: huir
Gerundio: huyendo
Participio: huido

Compuestas:

Infinitivo: haber huido
Gerundio habiendo huido

MODO INDICATIVO

Tiempos simples:

Presente

imprimo
imprimes
imprime
imprimimos
imprimís
imprimen

Pretérito imperfecto

imprimía
imprimías
imprimía
imprimíamos
imprimíais
imprimían

Pretérito perfecto simple

imprimí
imprimiste
imprimió
imprimimos
imprimisteis
imprimieron

Futuro imperfecto

imprimiré
imprimirás
imprimirá
imprimiremos
imprimiréis
imprimirán

Condicional simple

imprimiría
imprimirías
imprimiría
imprimiríamos
imprimiríais
imprimirían

Tiempos compuestos:

Pretérito perfecto

he impreso
has impreso
ha impreso
hemos impreso
habéis impreso
han impreso

Pretérito pluscuamperfecto

había impreso
habías impreso
había impreso
habíamos impreso
habíais impreso
habían impreso

Pretérito anterior

hube impreso
hubiste impreso
hubo impreso
hubimos impreso
hubisteis impreso
hubieron impreso

Futuro perfecto

habré impreso
habrás impreso
habrá impreso
habremos impreso
habréis impreso
habrán impreso

Condicional compuesto

habría impreso
habrías impreso
habría impreso
habríamos impreso
habríais impreso
habrían impreso

MODO SUBJUNTIVO

Tiempos simples:		Tiempos compuestos:	
Presente		*Pretérito perfecto*	
imprima		haya	impreso
imprimas		hayas	impreso
imprima		haya	impreso
imprimamos		hayamos	impreso
imprimáis		hayáis	impreso
impriman		hayan	impreso
Pretérito imperfecto		*Pretérito pluscuamperfecto*	
imprimiese	*o* -iera	hubiese *o* -iera	impreso
imprimieses	*o* -ieras	hubieses *o* -ieras	"
imprimiese	*o* -iera	hubiese *o* -iera	"
imprimiésemos	*o* -iéramos	hubiésemos *o* -iéramos	"
imprimieseis	*o* -ierais	hubieseis *o* -ierais	"
imprimiesen	*o* -ieran	hubiesen *o* -ieran	"
Futuro imperfecto		*Futuro perfecto*	
imprimiere		hubiere	impreso
imprimieres		hubieres	impreso
imprimiere		hubiere	impreso
imprimiéremos		hubiéremos	impreso
imprimiereis		hubiereis	impreso
imprimieren		hubieren	impreso

MODO IMPERATIVO

Presente

imprime
imprimid

Formas no personales

Simples:		Compuestas:		
Infinitivo:	imprimir	*Infinitivo:*	haber	impreso
Gerundio:	imprimiendo	*Gerundio*	habiendo	impreso
Participio:	impreso (o imprimido)			

MODO INDICATIVO

Tiempos simples:

Presente

incurro
incurres
incurre
incurrimos
incurrís
incurren

Pretérito imperfecto

incurría
incurrías
incurría
incurríamos
incurríais
incurrían

Pretérito perfecto simple

incurrí
incurriste
incurrió
incurrimos
incurristeis
incurrieron

Futuro imperfecto

incurriré
incurrirás
incurrirá
incurriremos
incurriréis
incurrirán

Condicional simple

incurriría
incurrirías
incurriría
incurriríamos
incurriríais
incurrirían

Tiempos compuestos:

Pretérito perfecto

he incurrido
has incurrido
ha incurrido
hemos incurrido
habéis incurrido
han incurrido

Pretérito pluscuamperfecto

había incurrido
habías incurrido
había incurrido
habíamos incurrido
habíais incurrido
habían incurrido

Pretérito anterior

hube incurrido
hubiste incurrido
hubo incurrido
hubimos incurrido
hubisteis incurrido
hubieron incurrido

Futuro perfecto

habré incurrido
habrás incurrido
habrá incurrido
habremos incurrido
habréis incurrido
habrán incurrido

Condicional compuesto

habría incurrido
habrías incurrido
habría incurrido
habríamos incurrido
habríais incurrido
habrían incurrido

MODO SUBJUNTIVO

Tiempos simples:

Presente

incurra
incurras
incurra
incurramos
incurráis
incurran

Pretérito imperfecto

incurriese	*o*	-iera
incurrieses	*o*	-ieras
incurriese	*o*	-iera
incurriésemos	*o*	-iéramos
incurrieseis	*o*	-ierais
incurriesen	*o*	-ieran

Futuro imperfecto

incurriere
incurrieres
incurriere
incurriéremos
incurriereis
incurrieren

Tiempos compuestos:

Pretérito perfecto

haya	incurrido
hayas	incurrido
haya	incurrido
hayamos	incurrido
hayáis	incurrido
hayan	incurrido

Pretérito pluscuamperfecto

hubiese	*o*	-iera	incurrido
hubieses	*o*	-ieras	"
hubiese	*o*	-iera	"
hubiésemos	*o*	-iéramos	"
hubieseis	*o*	-ierais	"
hubiesen	*o*	-ieran	"

Futuro perfecto

hubiere	incurrido
hubieres	incurrido
hubiere	incurrido
hubiéremos	incurrido
hubiereis	incurrido
hubieren	incurrido

MODO IMPERATIVO

Presente

incurre
incurrid

Formas no personales

Simples:

Infinitivo: incurrir
Gerundio: incurriendo
Participio: incurrido (o incurso)

Compuestas:

Infinitivo: haber incurrido
Gerundio habiendo incurrido

MODO INDICATIVO

Tiempos simples:

Presente

infundo
infundes
infunde
infundimos
infundís
infunden

Pretérito imperfecto

infundía
infundías
infundía
infundíamos
infundíais
infundían

Pretérito perfecto simple

infundí
infundiste
infundió
infundimos
infundisteis
infundieron

Futuro imperfecto

infundiré
infundirás
infundirá
infundiremos
infundiréis
infundirán

Condicional simple

infundiría
infundirías
infundiría
infundiríamos
infundiríais
infundirían

Tiempos compuestos:

Pretérito perfecto

he infundido
has infundido
ha infundido
hemos infundido
habéis infundido
han infundido

Pretérito pluscuamperfecto

había infundido
habías infundido
había infundido
habíamos infundido
habíais infundido
habían infundido

Pretérito anterior

hube infundido
hubiste infundido
hubo infundido
hubimos infundido
hubisteis infundido
hubieron infundido

Futuro perfecto

habré infundido
habrás infundido
habrá infundido
habremos infundido
habréis infundido
habrán infundido

Condicional compuesto

habría infundido
habrías infundido
habría infundido
habríamos infundido
habríais infundido
habrían infundido

MODO SUBJUNTIVO

Tiempos simples:

Presente

infunda
infundas
infunda
infundamos
infundáis
infundan

Pretérito imperfecto

infundiese	*o*	-iera
infundieses	*o*	-ieras
infundiese	*o*	-iera
infundiésemos	*o*	-iéramos
infundieseis	*o*	-ierais
infundiesen	*o*	-ieran

Futuro imperfecto

infundiere
infundieres
infundiere
infundiéremos
infundiereis
infundieren

Tiempos compuestos:

Pretérito perfecto

haya	infundido
hayas	infundido
haya	infundido
hayamos	infundido
hayáis	infundido
hayan	infundido

Pretérito pluscuamperfecto

hubiese	*o*	-iera	infundido
hubieses	*o*	-ieras	"
hubiese	*o*	-iera	"
hubiésemos	*o*	-iéramos	"
hubieseis	*o*	-ierais	"
hubiesen	*o*	-ieran	"

Futuro perfecto

hubiere	infundido
hubieres	infundido
hubiere	infundido
hubiéremos	infundido
hubiereis	infundido
hubieren	infundido

MODO IMPERATIVO

Presente

infunde
infundid

Formas no personales

Simples:

Infinitivo: infundir
Gerundio: infundiendo
Participio: infundido (o infuso)

Compuestas:

Infinitivo:	haber	infundido
Gerundio	habiendo	infundido

MODO INDICATIVO

Tiempos simples:

Presente

injerto
injertas
injerta
injertamos
injertáis
injertan

Pretérito imperfecto

injertaba
injertabas
injertaba
injertábamos
injertabais
injertaban

Pretérito perfecto simple

injerté
injertaste
injertó
injertamos
injertasteis
injertaron

Futuro imperfecto

injertaré
injertarás
injertará
injertaremos
injertaréis
injertarán

Condicional simple

injertaría
injertarías
injertaría
injertaríamos
injertaríais
injertarían

Tiempos compuestos:

Pretérito perfecto

he injertado
has injertado
ha injertado
hemos injertado
habéis injertado
han injertado

Pretérito pluscuamperfecto

había injertado
habías injertado
había injertado
habíamos injertado
habíais injertado
habían injertado

Pretérito anterior

hube injertado
hubiste injertado
hubo injertado
hubimos injertado
hubisteis injertado
hubieron injertado

Futuro perfecto

habré injertado
habrás injertado
habrá injertado
habremos injertado
habréis injertado
habrán injertado

Condicional compuesto

habría injertado
habrías injertado
habría injertado
habríamos injertado
habríais injertado
habrían injertado

MODO SUBJUNTIVO

Tiempos simples:

Presente

injerte
injertes
injerte
injertemos
injertéis
injerten

Pretérito imperfecto

injertase	*o*	-ara
injertases	*o*	-aras
injertase	*o*	-ara
injertásemos	*o*	-áramos
injertaseis	*o*	-arais
injertasen	*o*	-aran

Futuro imperfecto

injertare
injertares
injertare
injertáremos
injertareis
injertaren

Tiempos compuestos:

Pretérito perfecto

haya	injertado
hayas	injertado
haya	injertado
hayamos	injertado
hayáis	injertado
hayan	injertado

Pretérito pluscuamperfecto

hubiese	*o*	-iera	injertado
hubieses	*o*	-ieras	"
hubiese	*o*	-iera	"
hubiésemos	*o*	-iéramos	"
hubieseis	*o*	-ierais	"
hubiesen	*o*	-ieran	"

Futuro perfecto

hubiere	injertado
hubieres	injertado
hubiere	injertado
hubiéremos	injertado
hubiereis	injertado
hubieren	injertado

MODO IMPERATIVO

Presente

injerta
injertad

Formas no personales

Simples:

Infinitivo: injertar
Gerundio: injertando
Participio: injertado (o injerto)

Compuestas:

Infinitivo: haber injertado
Gerundio habiendo injertado

83 INSCRIBIR

MODO INDICATIVO

Tiempos simples:

Presente

inscribo
inscribes
inscribe
inscribimos
inscribís
inscriben

Pretérito imperfecto

inscribía
inscribías
inscribía
inscribíamos
inscribíais
inscribían

Pretérito perfecto simple

inscribí
inscribiste
inscribió
inscribimos
inscribisteis
inscribieron

Futuro imperfecto

inscribiré
inscribirás
inscribirá
inscribiremos
inscribiréis
inscribirán

Condicional simple

inscribiría
inscribirías
inscribiría
inscribiríamos
inscribiríais
inscribirían

Tiempos compuestos:

Pretérito perfecto

he inscrito
has inscrito
ha inscrito
hemos inscrito
habéis inscrito
han inscrito

Pretérito pluscuamperfecto

había inscrito
habías inscrito
había inscrito
habíamos inscrito
habíais inscrito
habían inscrito

Pretérito anterior

hube inscrito
hubiste inscrito
hubo inscrito
hubimos inscrito
hubisteis inscrito
hubieron inscrito

Futuro perfecto

habré inscrito
habrás inscrito
habrá inscrito
habremos inscrito
habréis inscrito
habrán inscrito

Condicional compuesto

habría inscrito
habrías inscrito
habría inscrito
habríamos inscrito
habríais inscrito
habrían inscrito

MODO SUBJUNTIVO

Tiempos simples:

Presente

inscriba
inscribas
inscriba
inscribamos
inscribáis
inscriban

Pretérito imperfecto

inscribiese	*o*	-iera
inscribieses	*o*	-ieras
inscribiese	*o*	-iera
inscribiésemos	*o*	-iéramos
inscribieseis	*o*	-ierais
inscribiesen	*o*	-ieran

Futuro imperfecto

inscribiere
inscribieres
inscribiere
inscribiéremos
inscribiereis
inscribieren

Tiempos compuestos:

Pretérito perfecto

haya	inscrito
hayas	inscrito
haya	inscrito
hayamos	inscrito
hayáis	inscrito
hayan	inscrito

Pretérito pluscuamperfecto

hubiese	*o*	-iera	inscrito
hubieses	*o*	-ieras	"
hubiese	*o*	-iera	"
hubiésemos	*o*	-iéramos	"
hubieseis	*o*	-ierais	"
hubiesen	*o*	-ieran	"

Futuro perfecto

hubiere	inscrito
hubieres	inscrito
hubiere	inscrito
hubiéremos	inscrito
hubiereis	inscrito
hubieren	inscrito

MODO IMPERATIVO

Presente

inscribe
inscribid

Formas no personales

Simples:

Infinitivo: inscribir
Gerundio: inscribiendo
Participio: inscrito (o inscripto)

Compuestas:

Infinitivo: haber inscrito
Gerundio habiendo inscrito

MODO INDICATIVO

Tiempos simples:

Presente

insiero
insieres
insiere
inserimos
inserís
insieren

Pretérito imperfecto

insería
inserías
insería
inseríamos
inseríais
inserían

Pretérito perfecto simple

inserí
inseriste
insirió
inserimos
inseristeis
insirieron

Futuro imperfecto

inseriré
inserirás
inserirá
inseriremos
inseriréis
inserirán

Condicional simple

inseriría
inserirías
inseriría
inseriríamos
inseriríais
inserirían

Tiempos compuestos:

Pretérito perfecto

he inserido
has inserido
ha inserido
hemos inserido
habéis inserido
han inserido

Pretérito pluscuamperfecto

había inserido
habías inserido
había inserido
habíamos inserido
habíais inserido
habían inserido

Pretérito anterior

hube inserido
hubiste inserido
hubo inserido
hubimos inserido
hubisteis inserido
hubieron inserido

Futuro perfecto

habré inserido
habrás inserido
habrá inserido
habremos inserido
habréis inserido
habrán inserido

Condicional compuesto

habría inserido
habrías inserido
habría inserido
habríamos inserido
habríais inserido
habrían inserido

MODO SUBJUNTIVO

Tiempos simples:

Presente

insiera
insieras
insiera
insiramos
insiráis
insieran

Pretérito imperfecto

insiriese	*o*	-iera
insirieses	*o*	-ieras
insiriese	*o*	-iera
insiriésemos	*o*	-iéramos
insirieseis	*o*	-ierais
insiriesen	*o*	-ieran

Futuro imperfecto

insiriere
insirieres
insiriere
insiriéremos
insiriereis
insirieren

Tiempos compuestos:

Pretérito perfecto

haya	inserido
hayas	inserido
haya	inserido
hayamos	inserido
hayáis	inserido
hayan	inserido

Pretérito pluscuamperfecto

hubiese	*o*	-iera	inserido
hubieses	*o*	-ieras	"
hubiese	*o*	-iera	"
hubiésemos	*o*	-iéramos	"
hubieseis	*o*	-ierais	"
hubiesen	*o*	-ieran	"

Futuro perfecto

hubiere	inserido
hubieres	inserido
hubiere	inserido
hubiéremos	inserido
hubiereis	inserido
hubieren	inserido

MODO IMPERATIVO

Presente

insiere
inserid

Formas no personales

Simples:

Infinitivo: inserir
Gerundio: insiriendo
Participio: inserido (o inserto)

Compuestas:

Infinitivo: haber inserido
Gerundio habiendo inserido

MODO INDICATIVO

Tiempos simples:

Presente

invierto
inviertes
invierte
invertimos
invertís
invierten

Pretérito imperfecto

invertía
invertías
invertía
invertíamos
invertíais
invertían

Pretérito perfecto simple

invertí
invertiste
invirtió
invertimos
invertisteis
invirtieron

Futuro imperfecto

invertiré
invertirás
invertirá
invertiremos
invertiréis
invertirán

Condicional simple

invertiría
invertirías
invertiría
invertiríamos
invertiríais
invertirían

Tiempos compuestos:

Pretérito perfecto

he invertido
has invertido
ha invertido
hemos invertido
habéis invertido
han invertido

Pretérito pluscuamperfecto

había invertido
habías invertido
había invertido
habíamos invertido
habíais invertido
habían invertido

Pretérito anterior

hube invertido
hubiste invertido
hubo invertido
hubimos invertido
hubisteis invertido
hubieron invertido

Futuro perfecto

habré invertido
habrás invertido
habrá invertido
habremos invertido
habréis invertido
habrán invertido

Condicional compuesto

habría invertido
habrías invertido
habría invertido
habríamos invertido
habríais invertido
habrían invertido

MODO SUBJUNTIVO

Tiempos simples:

Presente

invierta
inviertas
invierta
invirtamos
invirtáis
inviertan

Pretérito imperfecto

invirtiese	*o*	-iera
invirtieses	*o*	-ieras
invirtiese	*o*	-iera
invirtiésemos	*o*	-iéramos
invirtieseis	*o*	-ierais
invirtiesen	*o*	-ieran

Futuro imperfecto

invirtiere
invirtieres
invirtiere
invirtiéremos
invirtiereis
invirtieren

Tiempos compuestos:

Pretérito perfecto

haya	invertido
hayas	invertido
haya	invertido
hayamos	invertido
hayáis	invertido
hayan	invertido

Pretérito pluscuamperfecto

hubiese	*o*	-iera	invertido
hubieses	*o*	-ieras	"
hubiese	*o*	-iera	"
hubiésemos	*o*	-iéramos	"
hubieseis	*o*	-ierais	"
hubiesen	*o*	-ieran	"

Futuro perfecto

hubiere	invertido
hubieres	invertido
hubiere	invertido
hubiéremos	invertido
hubiereis	invertido
hubieren	invertido

MODO IMPERATIVO

Presente

invierte
invertid

Formas no personales

Simples:

Infinitivo: invertir
Gerundio: invirtiendo
Participio: invertido (o inverso)

Compuestas:

Infinitivo: haber invertido
Gerundio habiendo invertido

MODO INDICATIVO

Tiempos simples:

Presente

voy
vas
va
vamos
vais
van

Pretérito imperfecto

iba
ibas
iba
íbamos
ibais
iban

Pretérito perfecto simple

fui
fuiste
fue
fuimos
fuisteis
fueron

Futuro imperfecto

iré
irás
irá
iremos
iréis
irán

Condicional simple

iría
irías
iría
iríamos
iríais
irían

Tiempos compuestos:

Pretérito perfecto

he ido
has ido
ha ido
hemos ido
habéis ido
han ido

Pretérito pluscuamperfecto

había ido
habías ido
había ido
habíamos ido
habíais ido
habían ido

Pretérito anterior

hube ido
hubiste ido
hubo ido
hubimos ido
hubisteis ido
hubieron ido

Futuro perfecto

habré ido
habrás ido
habrá ido
habremos ido
habréis ido
habrán ido

Condicional compuesto

habría ido
habrías ido
habría ido
habríamos ido
habríais ido
habrían ido

MODO SUBJUNTIVO

Tiempos simples:			**Tiempos compuestos:**			
Presente			*Pretérito perfecto*			
vaya			haya	ido		
vayas			hayas	ido		
vaya			haya	ido		
vayamos			hayamos	ido		
vayáis			hayáis	ido		
vayan			hayan	ido		
Pretérito imperfecto			*Pretérito pluscuamperfecto*			
fuese	*o*	-era	hubiese	*o*	-iera	ido
fueses	*o*	-eras	hubieses	*o*	-ieras	"
fuese	*o*	-era	hubiese	*o*	-iera	"
fuésemos	*o*	-éramos	hubiésemos	*o*	-iéramos	"
fueseis	*o*	-erais	hubieseis	*o*	-ierais	"
fuesen	*o*	-eran	hubiesen	*o*	-ieran	"
Futuro imperfecto			*Futuro perfecto*			
fuere			hubiere	ido		
fueres			hubieres	ido		
fuere			hubiere	ido		
fuéremos			hubiéremos	ido		
fuereis			hubiereis	ido		
fueren			hubieren	ido		

MODO IMPERATIVO

Presente

ve
id

Formas no personales

Simples:		**Compuestas:**		
Infinitivo:	ir	*Infinitivo:*	haber	ido
Gerundio:	yendo	*Gerundio*	habiendo	ido
Participio:	ido			

MODO INDICATIVO

Tiempos simples:	**Tiempos compuestos:**
Presente	*Pretérito perfecto*
juego	he jugado
juegas	has jugado
juega	ha jugado
jugamos	hemos jugado
jugáis	habéis jugado
juegan	han jugado
Pretérito imperfecto	*Pretérito pluscuamperfecto*
jugaba	había jugado
jugabas	habías jugado
jugaba	había jugado
jugábamos	habíamos jugado
jugabais	habíais jugado
jugaban	habían jugado
Pretérito perfecto simple	*Pretérito anterior*
jugué	hube jugado
jugaste	hubiste jugado
jugó	hubo jugado
jugamos	hubimos jugado
jugasteis	hubisteis jugado
jugaron	hubieron jugado
Futuro imperfecto	*Futuro perfecto*
jugaré	habré jugado
jugarás	habrás jugado
jugará	habrá jugado
jugaremos	habremos jugado
jugaréis	habréis jugado
jugarán	habrán jugado
Condicional simple	*Condicional compuesto*
jugaría	habría jugado
jugarías	habrías jugado
jugaría	habría jugado
jugaríamos	habríamos jugado
jugaríais	habríais jugado
jugarían	habrían jugado

MODO SUBJUNTIVO

Tiempos simples:

Presente

juegue
juegues
juegue
juguemos
juguéis
jueguen

Pretérito imperfecto

jugase	*o*	-ara
jugases	*o*	-aras
jugase	*o*	-ara
jugásemos	*o*	-áramos
jugaseis	*o*	-arais
jugasen	*o*	-aran

Futuro imperfecto

jugare
jugares
jugare
jugáremos
jugareis
jugaren

Tiempos compuestos:

Pretérito perfecto

haya	jugado
hayas	jugado
haya	jugado
hayamos	jugado
hayáis	jugado
hayan	jugado

Pretérito pluscuamperfecto

hubiese	*o*	-iera	jugado
hubieses	*o*	-ieras	"
hubiese	*o*	-iera	"
hubiésemos	*o*	-iéramos	"
hubieseis	*o*	-ierais	"
hubiesen	*o*	-ieran	"

Futuro perfecto

hubiere	jugado
hubieres	jugado
hubiere	jugado
hubiéremos	jugado
hubiereis	jugado
hubieren	jugado

MODO IMPERATIVO

Presente

juega
jugad

Formas no personales

Simples:

Infinitivo: jugar
Gerundio: jugando
Participio: jugado

Compuestas:

Infinitivo: haber jugado
Gerundio habiendo jugado

MODO INDICATIVO

Tiempos simples:

Presente

junto
juntas
junta
juntamos
juntáis
juntan

Pretérito imperfecto

juntaba
juntabas
juntaba
juntábamos
juntabais
juntaban

Pretérito perfecto simple

junté
juntaste
juntó
juntamos
juntasteis
juntaron

Futuro imperfecto

juntaré
juntarás
juntará
juntaremos
juntaréis
juntarán

Condicional simple

juntaría
juntarías
juntaría
juntaríamos
juntaríais
juntarían

Tiempos compuestos:

Pretérito perfecto

he juntado
has juntado
ha juntado
hemos juntado
habéis juntado
han juntado

Pretérito pluscuamperfecto

había juntado
habías juntado
había juntado
habíamos juntado
habíais juntado
habían juntado

Pretérito anterior

hube juntado
hubiste juntado
hubo juntado
hubimos juntado
hubisteis juntado
hubieron juntado

Futuro perfecto

habré juntado
habrás juntado
habrá juntado
habremos juntado
habréis juntado
habrán juntado

Condicional compuesto

habría juntado
habrías juntado
habría juntado
habríamos juntado
habríais juntado
habrían juntado

MODO SUBJUNTIVO

Tiempos simples:

Presente

junte
juntes
junte
juntemos
juntéis
junten

Pretérito imperfecto

juntase	*o*	-ara
juntases	*o*	-aras
juntase	*o*	-ara
juntásemos	*o*	-áramos
juntaseis	*o*	-arais
juntasen	*o*	-aran

Futuro imperfecto

juntare
juntares
juntare
juntáremos
juntareis
juntaren

Tiempos compuestos:

Pretérito perfecto

haya	juntado
hayas	juntado
haya	juntado
hayamos	juntado
hayáis	juntado
hayan	juntado

Pretérito pluscuamperfecto

hubiese	*o*	-iera	juntado
hubieses	*o*	-ieras	"
hubiese	*o*	-iera	"
hubiésemos	*o*	-iéramos	"
hubieseis	*o*	-ierais	"
hubiesen	*o*	-ieran	"

Futuro perfecto

hubiere	juntado
hubieres	juntado
hubiere	juntado
hubiéremos	juntado
hubiereis	juntado
hubieren	juntado

MODO IMPERATIVO

Presente

junta
juntad

Formas no personales

Simples:

Infinitivo: juntar
Gerundio: juntando
Participio: juntado (o junto)

Compuestas:

Infinitivo: haber juntado
Gerundio habiendo juntado

MODO INDICATIVO

Tiempos simples:

Presente

leo
lees
lee
leemos
leéis
leen

Pretérito imperfecto

leía
leías
leía
leíamos
leíais
leían

Pretérito perfecto simple

leí
leíste
leyó
leímos
leísteis
leyeron

Futuro imperfecto

leeré
leerás
leerá
leeremos
leeréis
leerán

Condicional simple

leería
leerías
leería
leeríamos
leeríais
leerían

Tiempos compuestos:

Pretérito perfecto

he leído
has leído
ha leído
hemos leído
habéis leído
han leído

Pretérito pluscuamperfecto

había leído
habías leído
había leído
habíamos leído
habíais leído
habían leído

Pretérito anterior

hube leído
hubiste leído
hubo leído
hubimos leído
hubisteis leído
hubieron leído

Futuro perfecto

habré leído
habrás leído
habrá leído
habremos leído
habréis leído
habrán leído

Condicional compuesto

habría leído
habrías leído
habría leído
habríamos leído
habríais leído
habrían leído

MODO SUBJUNTIVO

Tiempos simples:	Tiempos compuestos:
Presente	*Pretérito perfecto*
lea	haya leído
leas	hayas leído
lea	haya leído
leamos	hayamos leído
leáis	hayáis leído
lean	hayan leído
Pretérito imperfecto	*Pretérito pluscuamperfecto*
leyese *o* -yera	hubiese *o* -iera leído
leyeses *o* -yeras	hubieses *o* -ieras "
leyese *o* -yera	hubiese *o* -iera "
leyésemos *o* -yéramos	hubiésemos *o* -iéramos "
leyeseis *o* -yerais	hubieseis *o* -ierais "
leyesen *o* -yeran	hubiesen *o* -ieran "
Futuro imperfecto	*Futuro perfecto*
leyere	hubiere leído
leyeres	hubieres leído
leyere	hubiere leído
leyéremos	hubiéremos leído
leyereis	hubiereis leído
leyeren	hubieren leído

MODO IMPERATIVO

Presente

lee
leed

Formas no personales

Simples:		Compuestas:		
Infinitivo:	leer	*Infinitivo:*	haber	leído
Gerundio:	leyendo	*Gerundio*	habiendo	leído
Participio:	leído			

MODO INDICATIVO

Tiempos simples:

Presente

manifiesto
manifiestas
manifiesta
manifestamos
manifestáis
manifiestan

Pretérito imperfecto

manifestaba
manifestabas
manifestaba
manifestábamos
manifestabais
manifestaban

Pretérito perfecto simple

manifesté
manifestaste
manifestó
manifestamos
manifestasteis
manifestaron

Futuro imperfecto

manifestaré
manifestarás
manifestará
manifestaremos
manifestaréis
manifestarán

Condicional simple

manifestaría
manifestarías
manifestaría
manifestaríamos
manifestaríais
manifestarían

Tiempos compuestos:

Pretérito perfecto

he manifestado
has manifestado
ha manifestado
hemos manifestado
habéis manifestado
han manifestado

Pretérito pluscuamperfecto

había manifestado
habías manifestado
había manifestado
habíamos manifestado
habíais manifestado
habían manifestado

Pretérito anterior

hube manifestado
hubiste manifestado
hubo manifestado
hubimos manifestado
hubisteis manifestado
hubieron manifestado

Futuro perfecto

habré manifestado
habrás manifestado
habrá manifestado
habremos manifestado
habréis manifestado
habrán manifestado

Condicional compuesto

habría manifestado
habrías manifestado
habría manifestado
habríamos manifestado
habríais manifestado
habrían manifestado

MODO SUBJUNTIVO

Tiempos simples:

Presente

manifieste
manifiestes
manifieste
manifestemos
manifestéis
manifiesten

Pretérito imperfecto

manifestase	*o*	-ara
manifestases	*o*	-aras
manifestase	*o*	-ara
manifestásemos	*o*	-áramos
manifestaseis	*o*	-arais
manifestasen	*o*	-aran

Futuro imperfecto

manifestare
manifestares
manifestare
manifestáremos
manifestareis
manifestaren

Tiempos compuestos:

Pretérito perfecto

haya	manifestado
hayas	manifestado
haya	manifestado
hayamos	manifestado
hayáis	manifestado
hayan	manifestado

Pretérito pluscuamperfecto

hubiese	*o*	-iera	manifestado
hubieses	*o*	-ieras	"
hubiese	*o*	-iera	"
hubiésemos	*o*	-iéramos	"
hubieseis	*o*	-ierais	"
hubiesen	*o*	-ieran	"

Futuro perfecto

hubiere	manifestado
hubieres	manifestado
hubiere	manifestado
hubiéremos	manifestado
hubiereis	manifestado
hubieren	manifestado

MODO IMPERATIVO

Presente

manifiesta
manifestad

Formas no personales

Simples:

Infinitivo: manifestar
Gerundio: manifestando
Participio: manifestado (o manifiesto)

Compuestas:

Infinitivo: haber manifestado
Gerundio habiendo manifestado

MODO INDICATIVO

Tiempos simples:	Tiempos compuestos:
Presente	*Pretérito perfecto*
muero	he muerto
mueres	has muerto
muere	ha muerto
morimos	hemos muerto
morís	habéis muerto
mueren	han muerto
Pretérito imperfecto	*Pretérito pluscuamperfecto*
moría	había muerto
morías	habías muerto
moría	había muerto
moríamos	habíamos muerto
moríais	habíais muerto
morían	habían muerto
Pretérito perfecto simple	*Pretérito anterior*
morí	hube muerto
moriste	hubiste muerto
murió	hubo muerto
morimos	hubimos muerto
moristeis	hubisteis muerto
murieron	hubieron muerto
Futuro imperfecto	*Futuro perfecto*
moriré	habré muerto
morirás	habrás muerto
morirá	habrá muerto
moriremos	habremos muerto
moriréis	habréis muerto
morirán	habrán muerto
Condicional simple	*Condicional compuesto*
moriría	habría muerto
morirías	habrías muerto
moriría	habría muerto
moriríamos	habríamos muerto
moriríais	habríais muerto
morirían	habrían muerto

MODO SUBJUNTIVO

Tiempos simples:

Presente

muera
mueras
muera
muramos
muráis
mueran

Pretérito imperfecto

muriese	*o*	-iera
murieses	*o*	-ieras
muriese	*o*	-iera
muriésemos	*o*	-iéramos
murieseis	*o*	-ierais
muriesen	*o*	-ieran

Futuro imperfecto

muriere
murieres
muriere
muriéremos
muriereis
murieren

Tiempos compuestos:

Pretérito perfecto

haya	muerto
hayas	muerto
haya	muerto
hayamos	muerto
hayáis	muerto
hayan	muerto

Pretérito pluscuamperfecto

hubiese	*o*	-iera	muerto
hubieses	*o*	-ieras	"
hubiese	*o*	-iera	"
hubiésemos	*o*	-iéramos	"
hubieseis	*o*	-ierais	"
hubiesen	*o*	-ieran	"

Futuro perfecto

hubiere	muerto
hubieres	muerto
hubiere	muerto
hubiéremos	muerto
hubiereis	muerto
hubieren	muerto

MODO IMPERATIVO

Presente

muere
morid

Formas no personales

Simples:

Infinitivo: morir
Gerundio: muriendo
Participio: muerto

Compuestas:

Infinitivo: haber muerto
Gerundio habiendo muerto

MODO INDICATIVO

Tiempos simples:

Presente

muevo
mueves
mueve
movemos
movéis
mueven

Pretérito imperfecto

movía
movías
movía
movíamos
movíais
movían

Pretérito perfecto simple

moví
moviste
movió
movimos
movisteis
movieron

Futuro imperfecto

moveré
moverás
moverá
moveremos
moveréis
moverán

Condicional simple

movería
moverías
movería
moveríamos
moveríais
moverían

Tiempos compuestos:

Pretérito perfecto

he movido
has movido
ha movido
hemos movido
habéis movido
han movido

Pretérito pluscuamperfecto

había movido
habías movido
había movido
habíamos movido
habíais movido
habían movido

Pretérito anterior

hube movido
hubiste movido
hubo movido
hubimos movido
hubisteis movido
hubieron movido

Futuro perfecto

habré movido
habrás movido
habrá movido
habremos movido
habréis movido
habrán movido

Condicional compuesto

habría movido
habrías movido
habría movido
habríamos movido
habríais movido
habrían movido

MODO SUBJUNTIVO

Tiempos simples:

Presente

mueva
muevas
mueva
movamos
mováis
muevan

Pretérito imperfecto

moviese	*o*	-iera
movieses	*o*	-ieras
moviese	*o*	-iera
moviésemos	*o*	-iéramos
movieseis	*o*	-ierais
moviesen	*o*	-ieran

Futuro imperfecto

moviere
movieres
moviere
moviéremos
moviereis
movieren

Tiempos compuestos:

Pretérito perfecto

haya	movido
hayas	movido
haya	movido
hayamos	movido
hayáis	movido
hayan	movido

Pretérito pluscuamperfecto

hubiese	*o*	-iera	movido
hubieses	*o*	-ieras	"
hubiese	*o*	-iera	"
hubiésemos	*o*	-iéramos	"
hubieseis	*o*	-ierais	"
hubiesen	*o*	-ieran	"

Futuro perfecto

hubiere	movido
hubieres	movido
hubiere	movido
hubiéremos	movido
hubiereis	movido
hubieren	movido

MODO IMPERATIVO

Presente

mueve
moved

Formas no personales

Simples:

Infinitivo: mover
Gerundio: moviendo
Participio: movido

Compuestas:

Infinitivo: haber movido
Gerundio habiendo movido

MODO INDICATIVO

Tiempos simples:

Presente

mullo
mulles
mulle
mullimos
mullís
mullen

Pretérito imperfecto

mullía
mullías
mullía
mullíamos
mulláis
mullían

Pretérito perfecto simple

mullí
mulliste
mulló
mullimos
mullisteis
mulleron

Futuro imperfecto

mulliré
mullirás
mullirá
mulliremos
mulliréis
mullirán

Condicional simple

mulliría
mullirías
mulliría
mulliríamos
mulliríais
mullirían

Tiempos compuestos:

Pretérito perfecto

he mullido
has mullido
ha mullido
hemos mullido
habéis mullido
han mullido

Pretérito pluscuamperfecto

había mullido
habías mullido
había mullido
habíamos mullido
habíais mullido
habían mullido

Pretérito anterior

hube mullido
hubiste mullido
hubo mullido
hubimos mullido
hubisteis mullido
hubieron mullido

Futuro perfecto

habré mullido
habrás mullido
habrá mullido
habremos mullido
habréis mullido
habrán mullido

Condicional compuesto

habría mullido
habrías mullido
habría mullido
habríamos mullido
habríais mullido
habrían mullido

MODO SUBJUNTIVO

Tiempos simples:

Presente

mulla
mullas
mulla
mullamos
mulláis
mullan

Pretérito imperfecto

mullese	*o*	-era
mulleses	*o*	-eras
mullese	*o*	-era
mullésemos	*o*	-éramos
mulleseis	*o*	-erais
mullesen	*o*	-eran

Futuro imperfecto

mullere
mulleres
mullere
mulléremos
mullereis
mulleren

Tiempos compuestos:

Pretérito perfecto

haya	mullido
hayas	mullido
haya	mullido
hayamos	mullido
hayáis	mullido
hayan	mullido

Pretérito pluscuamperfecto

hubiese	*o*	-iera	mullido
hubieses	*o*	-ieras	"
hubiese	*o*	-iera	"
hubiésemos	*o*	-iéramos	"
hubieseis	*o*	-ierais	"
hubiesen	*o*	-ieran	"

Futuro perfecto

hubiere	mullido
hubieres	mullido
hubiere	mullido
hubiéremos	mullido
hubiereis	mullido
hubieren	mullido

MODO IMPERATIVO

Presente

mulle
mullid

Formas no personales

Simples:

Infinitivo: mullir
Gerundio: mullendo
Participio: mullido

Compuestas:

Infinitivo: haber mullido
Gerundio habiendo mullido

MODO INDICATIVO

Tiempos simples:

Presente

nazco
naces
nace
nacemos
nacéis
nacen

Pretérito imperfecto

nacía
nacías
nacía
nacíamos
nacíais
nacían

Pretérito perfecto simple

nací
naciste
nació
nacimos
nacisteis
nacieron

Futuro imperfecto

naceré
nacerás
nacerá
naceremos
naceréis
nacerán

Condicional simple

nacería
nacerías
nacería
naceríamos
naceríais
nacerían

Tiempos compuestos:

Pretérito perfecto

he nacido
has nacido
ha nacido
hemos nacido
habéis nacido
han nacido

Pretérito pluscuamperfecto

había nacido
habías nacido
había nacido
habíamos nacido
habíais nacido
habían nacido

Pretérito anterior

hube nacido
hubiste nacido
hubo nacido
hubimos nacido
hubisteis nacido
hubieron nacido

Futuro perfecto

habré nacido
habrás nacido
habrá nacido
habremos nacido
habréis nacido
habrán nacido

Condicional compuesto

habría nacido
habrías nacido
habría nacido
habríamos nacido
habríais nacido
habrían nacido

MODO SUBJUNTIVO

Tiempos simples:	Tiempos compuestos:
Presente	*Pretérito perfecto*
nazca	haya nacido
nazcas	hayas nacido
nazca	haya nacido
nazcamos	hayamos nacido
nazcáis	hayáis nacido
nazcan	hayan nacido
Pretérito imperfecto	*Pretérito pluscuamperfecto*
naciese *o* -iera	hubiese *o* -iera nacido
nacieses *o* -ieras	hubieses *o* -ieras "
naciese *o* -iera	hubiese *o* -iera "
naciésemos *o* -iéramos	hubiésemos *o* -iéramos "
nacieseis *o* -ierais	hubieseis *o* -ierais "
naciesen *o* -ieran	hubiesen *o* -ieran "
Futuro imperfecto	*Futuro perfecto*
naciere	hubiere nacido
nacieres	hubieres nacido
naciere	hubiere nacido
naciéremos	hubiéremos nacido
naciereis	hubiereis nacido
nacieren	hubieren nacido

MODO IMPERATIVO

Presente

nace
naced

Formas no personales

Simples:		Compuestas:		
Infinitivo:	nacer	*Infinitivo:*	haber	nacido
Gerundio:	naciendo	*Gerundio*	habiendo	nacido
Participio:	nacido (o nato)			

95 OÍR

Formas personales

MODO INDICATIVO

Tiempos simples:

Presente

oigo
oyes
oye
oímos
oís
oyen

Pretérito imperfecto

oía
oías
oía
oíamos
oíais
oían

Pretérito perfecto simple

oí
oíste
oyó
oímos
oísteis
oyeron

Futuro imperfecto

oiré
oirás
oirá
oiremos
oiréis
oirán

Condicional simple

oiría
oirías
oiría
oiríamos
oiríais
oirían

Tiempos compuestos:

Pretérito perfecto

he oído
has oído
ha oído
hemos oído
habéis oído
han oído

Pretérito pluscuamperfecto

había oído
habías oído
había oído
habíamos oído
habíais oído
habían oído

Pretérito anterior

hube oído
hubiste oído
hubo oído
hubimos oído
hubisteis oído
hubieron oído

Futuro perfecto

habré oído
habrás oído
habrá oído
habremos oído
habréis oído
habrán oído

Condicional compuesto

habría oído
habrías oído
habría oído
habríamos oído
habríais oído
habrían oído

MODO SUBJUNTIVO

Tiempos simples:

Presente

oiga
oigas
oiga
oigamos
oigáis
oigan

Pretérito imperfecto

oyese	*o*	-yera
oyeses	*o*	-yeras
oyese	*o*	-yera
oyésemos	*o*	-yéramos
oyeseis	*o*	-yerais
oyesen	*o*	-yeran

Futuro imperfecto

oyere
oyeres
oyere
oyéremos
oyereis
oyeren

Tiempos compuestos:

Pretérito perfecto

haya	oído
hayas	oído
haya	oído
hayamos	oído
hayáis	oído
hayan	oído

Pretérito pluscuamperfecto

hubiese	*o*	-iera	oído
hubieses	*o*	-ieras	"
hubiese	*o*	-iera	"
hubiésemos	*o*	-iéramos	"
hubieseis	*o*	-ierais	"
hubiesen	*o*	-ieran	"

Futuro perfecto

hubiere	oído
hubieres	oído
hubiere	oído
hubiéremos	oído
hubiereis	oído
hubieren	oído

MODO IMPERATIVO

Presente

oye
oíd

Formas no personales

Simples:

Infinitivo: oír
Gerundio: oyendo
Participio: oído

Compuestas:

Infinitivo: haber oído
Gerundio habiendo oído

MODO INDICATIVO

Tiempos simples:	Tiempos compuestos:
Presente	*Pretérito perfecto*
huelo	he olido
hueles	has olido
huele	ha olido
olemos	hemos olido
oléis	habéis olido
huelen	han olido
Pretérito imperfecto	*Pretérito pluscuamperfecto*
olía	había olido
olías	habías olido
olía	había olido
olíamos	habíamos olido
olíais	habíais olido
olían	habían olido
Pretérito perfecto simple	*Pretérito anterior*
olí	hube olido
oliste	hubiste olido
olió	hubo olido
olimos	hubimos olido
olisteis	hubisteis olido
olieron	hubieron olido
Futuro imperfecto	*Futuro perfecto*
oleré	habré olido
olerás	habrás olido
olerá	habrá olido
oleremos	habremos olido
oleréis	habréis olido
olerán	habrán olido
Condicional simple	*Condicional compuesto*
olería	habría olido
olerías	habrías olido
olería	habría olido
oleríamos	habríamos olido
oleríais	habríais olido
olerían	habrían olido

MODO SUBJUNTIVO

Tiempos simples:

Presente

huela
huelas
huela
olamos
oláis
huelan

Pretérito imperfecto

oliese	*o*	-iera
olieses	*o*	-ieras
oliese	*o*	-iera
oliésemos	*o*	-iéramos
olieseis	*o*	-ierais
oliesen	*o*	-ieran

Futuro imperfecto

oliere
olieres
oliere
oliéremos
oliereis
olieren

Tiempos compuestos:

Pretérito perfecto

haya	olido
hayas	olido
haya	olido
hayamos	olido
hayáis	olido
hayan	olido

Pretérito pluscuamperfecto

hubiese	*o*	-iera	olido
hubieses	*o*	-ieras	"
hubiese	*o*	-iera	"
hubiésemos	*o*	-iéramos	"
hubieseis	*o*	-ierais	"
hubiesen	*o*	-ieran	"

Futuro perfecto

hubiere	olido
hubieres	olido
hubiere	olido
hubiéremos	olido
hubiereis	olido
hubieren	olido

MODO IMPERATIVO

Presente

huele
oled

Formas no personales

Simples:

Infinitivo: oler
Gerundio: oliendo
Participio: olido

Compuestas:

Infinitivo: haber olido
Gerundio habiendo olido

MODO INDICATIVO

Tiempos simples:

Presente

omito
omites
omite
omitimos
omitís
omiten

Pretérito imperfecto

omitía
omitías
omitía
omitíamos
omitíais
omitían

Pretérito perfecto simple

omití
omitiste
omitió
omitimos
omitisteis
omitieron

Futuro imperfecto

omitiré
omitirás
omitirá
omitiremos
omitiréis
omitirán

Condicional simple

omitiría
omitirías
omitiría
omitiríamos
omitiríais
omitirían

Tiempos compuestos:

Pretérito perfecto

he omitido
has omitido
ha omitido
hemos omitido
habéis omitido
han omitido

Pretérito pluscuamperfecto

había omitido
habías omitido
había omitido
habíamos omitido
habíais omitido
habían omitido

Pretérito anterior

hube omitido
hubiste omitido
hubo omitido
hubimos omitido
hubisteis omitido
hubieron omitido

Futuro perfecto

habré omitido
habrás omitido
habrá omitido
habremos omitido
habréis omitido
habrán omitido

Condicional compuesto

habría omitido
habrías omitido
habría omitido
habríamos omitido
habríais omitido
habrían omitido

MODO SUBJUNTIVO

Tiempos simples:

Presente

omita
omitas
omita
omitamos
omitáis
omitan

Pretérito imperfecto

omitiese	*o*	-iera
omitieses	*o*	-ieras
omitiese	*o*	-iera
omitiésemos	*o*	-iéramos
omitieseis	*o*	-ierais
omitiesen	*o*	-ieran

Futuro imperfecto

omitiere
omitieres
omitiere
omitiéremos
omitiereis
omitieren

Tiempos compuestos:

Pretérito perfecto

haya	omitido
hayas	omitido
haya	omitido
hayamos	omitido
hayáis	omitido
hayan	omitido

Pretérito pluscuamperfecto

hubiese	*o*	-iera	omitido
hubieses	*o*	-ieras	"
hubiese	*o*	-iera	"
hubiésemos	*o*	-iéramos	"
hubieseis	*o*	-ierais	"
hubiesen	*o*	-ieran	"

Futuro perfecto

hubiere	omitido
hubieres	omitido
hubiere	omitido
hubiéremos	omitido
hubiereis	omitido
hubieren	omitido

MODO IMPERATIVO

Presente

omite
omitid

Formas no personales

Simples:

Infinitivo: omitir
Gerundio: omitiendo
Participio: omitido (u omiso)

Compuestas:

Infinitivo: haber omitido
Gerundio habiendo omitido

MODO INDICATIVO

Tiempos simples:

Presente

oprimo
oprimes
oprime
oprimimos
oprimís
oprimen

Pretérito imperfecto

oprimía
oprimías
oprimía
oprimíamos
oprimíais
oprimían

Pretérito perfecto simple

oprimí
oprimiste
oprimió
oprimimos
oprimisteis
oprimieron

Futuro imperfecto

oprimiré
oprimirás
oprimirá
oprimiremos
oprimiréis
oprimirán

Condicional simple

oprimiría
oprimirías
oprimiría
oprimiríamos
oprimiríais
oprimirían

Tiempos compuestos:

Pretérito perfecto

he oprimido
has oprimido
ha oprimido
hemos oprimido
habéis oprimido
han oprimido

Pretérito pluscuamperfecto

había oprimido
habías oprimido
había oprimido
habíamos oprimido
habíais oprimido
habían oprimido

Pretérito anterior

hube oprimido
hubiste oprimido
hubo oprimido
hubimos oprimido
hubisteis oprimido
hubieron oprimido

Futuro perfecto

habré oprimido
habrás oprimido
habrá oprimido
habremos oprimido
habréis oprimido
habrán oprimido

Condicional compuesto

habría oprimido
habrías oprimido
habría oprimido
habríamos oprimido
habríais oprimido
habrían oprimido

MODO SUBJUNTIVO

Tiempos simples:

Presente

oprima
oprimas
oprima
oprimamos
oprimáis
opriman

Pretérito imperfecto

oprimiese	*o*	-iera
oprimieses	*o*	-ieras
oprimiese	*o*	-iera
oprimiésemos	*o*	-iéramos
oprimieseis	*o*	-ierais
oprimiesen	*o*	-ieran

Futuro imperfecto

oprimiere
oprimieres
oprimiere
oprimiéremos
oprimiereis
oprimieren

Tiempos compuestos:

Pretérito perfecto

haya	oprimido
hayas	oprimido
haya	oprimido
hayamos	oprimido
hayáis	oprimido
hayan	oprimido

Pretérito pluscuamperfecto

hubiese	*o*	-iera	oprimido
hubieses	*o*	-ieras	"
hubiese	*o*	-iera	"
hubiésemos	*o*	-iéramos	"
hubieseis	*o*	-ierais	"
hubiesen	*o*	-ieran	"

Futuro perfecto

hubiere	oprimido
hubieres	oprimido
hubiere	oprimido
hubiéremos	oprimido
hubiereis	oprimido
hubieren	oprimido

MODO IMPERATIVO

Presente

oprime
oprimid

Formas no personales

Simples:

Infinitivo: oprimir
Gerundio: oprimiendo
Participio: oprimido (u opreso)

Compuestas:

Infinitivo: haber oprimido
Gerundio habiendo oprimido

MODO INDICATIVO

Tiempos simples:

Presente

part**o**
part**es**
part**e**
part**imos**
part**ís**
part**en**

Pretérito imperfecto

part**ía**
part**ías**
part**ía**
part**íamos**
part**íais**
part**ían**

Pretérito perfecto simple

part**í**
part**iste**
part**ió**
part**imos**
part**isteis**
part**ieron**

Futuro imperfecto

part**iré**
part**irás**
part**irá**
part**iremos**
part**iréis**
part**irán**

Condicional simple

part**iría**
part**irías**
part**iría**
part**iríamos**
part**iríais**
part**irían**

Tiempos compuestos:

Pretérito perfecto

he partido
has partido
ha partido
hemos partido
habéis partido
han partido

Pretérito pluscuamperfecto

había partido
habías partido
había partido
habíamos partido
habíais partido
habían partido

Pretérito anterior

hube partido
hubiste partido
hubo partido
hubimos partido
hubisteis partido
hubieron partido

Futuro perfecto

habré partido
habrás partido
habrá partido
habremos partido
habréis partido
habrán partido

Condicional compuesto

habría partido
habrías partido
habría partido
habríamos partido
habríais partido
habrían partido

MODO SUBJUNTIVO

Tiempos simples:

Presente

part**a**
part**as**
part**a**
part**amos**
part**áis**
part**an**

Pretérito imperfecto

part**iese** *o* **-iera**
part**ieses** *o* **-ieras**
part**iese** *o* **-iera**
part**iésemos** *o* **-iéramos**
part**ieseis** *o* **-ierais**
part**iesen** *o* **-ieran**

Futuro imperfecto

part**iere**
part**ieres**
part**iere**
part**iéremos**
part**iereis**
part**ieren**

Tiempos compuestos:

Pretérito perfecto

haya partido
hayas partido
haya partido
hayamos partido
hayáis partido
hayan partido

Pretérito pluscuamperfecto

hubiese *o* -iera partido
hubieses *o* -ieras "
hubiese *o* -iera "
hubiésemos *o* -iéramos "
hubieseis *o* -ierais "
hubiesen *o* -ieran "

Futuro perfecto

hubiere partido
hubieres partido
hubiere partido
hubiéremos partido
hubiereis partido
hubieren partido

MODO IMPERATIVO

Presente

part**e**
part**id**

Formas no personales

Simples:

Infinitivo: part**ir**
Gerundio: part**iendo**
Participio: part**ido**

Compuestas:

Infinitivo: haber partido
Gerundio habiendo partido

MODO INDICATIVO

Tiempos simples:			Tiempos compuestos:	
Presente			*Pretérito perfecto*	
plazco			he	placido
places			has	placido
place			ha	placido
placemos			hemos	placido
placéis			habéis	placido
placen			han	placido
Pretérito imperfecto			*Pretérito pluscuamperfecto*	
placía			había	placido
placías			habías	placido
placía			había	placido
placíamos			habíamos	placido
placíais			habíais	placido
placían			habían	placido
Pretérito perfecto simple			*Pretérito anterior*	
plací			hube	placido
placiste			hubiste	placido
plació	*o*	plugo	hubo	placido
placimos			hubimos	placido
placisteis			hubisteis	placido
placieron	*o*	pluguieron	hubieron	placido
Futuro imperfecto			*Futuro perfecto*	
placeré			habré	placido
placerás			habrás	placido
placerá			habrá	placido
placeremos			habremos	placido
placeréis			habréis	placido
placerán			habrán	placido
Condicional simple			*Condicional compuesto*	
placería			habría	placido
placerías			habrías	placido
placería			habría	placido
placeríamos			habríamos	placido
placeríais			habríais	placido
placerían			habrían	placido

MODO SUBJUNTIVO

Tiempos simples:

Presente

plazca
plazcas
plazca
plazcamos
plazcáis
plazcan

Pretérito imperfecto

placiese *o* -iera *o* pluguiese *o* -iera
placieses *o* -ieras *o* pluguieses *o* -ieras
placiese *o* -iera *o* pluguiera *o* -iese
placiésemos *o* -iéramos *o* pluguiésemos *o* -iéramos
placieseis *o* -ierais *o* pluguieseis *o* -ierais
placiesen *o* -ieran *o* pluguiesen *o* -ieran

Futuro imperfecto

placiere *o* pluguiere
placieres *o* pluguieres
placiere *o* pluguiere
placiéremos *o* pluguiéremos
placiereis *o* pluguiereis
placieren *o* pluguieren

Tiempos compuestos:

Pretérito perfecto

haya placido
hayas placido
haya placido
hayamos placido
hayáis placido
hayan placido

Pretérito pluscuamperfecto

hubiese *o* -iera placido
hubieses *o* -ieras "
hubiese *o* -iera "
hubiésemos *o* -iéramos "
hubieseis *o* -ierais "
hubiesen *o* -ieran "

Futuro perfecto

hubiere placido
hubieres placido
hubiere placido
hubiéremos placido
hubiereis placido
hubieren placido

MODO IMPERATIVO

Presente

place
placed

Formas no personales

Simples:

Infinitivo: placer
Gerundio: placiendo
Participio: placido

Compuestas:

Infinitivo: haber placido
Gerundio habiendo placido

MODO INDICATIVO

Tiempos simples:	Tiempos compuestos:
Presente	*Pretérito perfecto*
puedo	he podido
puedes	has podido
puede	ha podido
podemos	hemos podido
podéis	habéis podido
pueden	han podido
Pretérito imperfecto	*Pretérito pluscuamperfecto*
podía	había podido
podías	habías podido
podía	había podido
podíamos	habíamos podido
podíais	habíais podido
podían	habían podido
Pretérito perfecto simple	*Pretérito anterior*
pude	hube podido
pudiste	hubiste podido
pudo	hubo podido
pudimos	hubimos podido
pudisteis	hubisteis podido
pudieron	hubieron podido
Futuro imperfecto	*Futuro perfecto*
podré	habré podido
podrás	habrás podido
podrá	habrá podido
podremos	habremos podido
podréis	habréis podido
podrán	habrán podido
Condicional simple	*Condicional compuesto*
podría	habría podido
podrías	habrías podido
podría	habría podido
podríamos	habríamos podido
podríais	habríais podido
podrían	habrían podido

MODO SUBJUNTIVO

Tiempos simples:		Tiempos compuestos:	
Presente		*Pretérito perfecto*	
pueda		haya	podido
puedas		hayas	podido
pueda		haya	podido
podamos		hayamos	podido
podáis		hayáis	podido
puedan		hayan	podido
Pretérito imperfecto		*Pretérito pluscuamperfecto*	
pudiese *o* -iera		hubiese *o* -iera	podido
pudieses *o* -ieras		hubieses *o* -ieras	"
pudiese *o* -iera		hubiese *o* -iera	"
pudiésemos *o* -iéramos		hubiésemos *o* -iéramos	"
pudieseis *o* -ierais		hubieseis *o* -ierais	"
pudiesen *o* -ieran		hubiesen *o* -ieran	"
Futuro imperfecto		*Futuro perfecto*	
pudiere		hubiere	podido
pudieres		hubieres	podido
pudiere		hubiere	podido
pudiéremos		hubiéremos	podido
pudiereis		hubiereis	podido
pudieren		hubieren	podido

MODO IMPERATIVO

Presente

puede (poco usual)
poded "

Formas no personales

Simples:		Compuestas:		
Infinitivo:	poder	*Infinitivo:*	haber	podido
Gerundio:	pudiendo	*Gerundio*	habiendo	podido
Participio:	podido			

MODO INDICATIVO

Tiempos simples:	Tiempos compuestos:	
Presente	*Pretérito perfecto*	
pongo	he	puesto
pones	has	puesto
pone	ha	puesto
ponemos	hemos	puesto
ponéis	habéis	puesto
ponen	han	puesto
Pretérito imperfecto	*Pretérito pluscuamperfecto*	
ponía	había	puesto
ponías	habías	puesto
ponía	había	puesto
poníamos	habíamos	puesto
poníais	habíais	puesto
ponían	habían	puesto
Pretérito perfecto simple	*Pretérito anterior*	
puse	hube	puesto
pusiste	hubiste	puesto
puso	hubo	puesto
pusimos	hubimos	puesto
pusisteis	hubisteis	puesto
pusieron	hubieron	puesto
Futuro imperfecto	*Futuro perfecto*	
pondré	habré	puesto
pondrás	habrás	puesto
pondrá	habrá	puesto
pondremos	habremos	puesto
pondréis	habréis	puesto
pondrán	habrán	puesto
Condicional simple	*Condicional compuesto*	
pondría	habría	puesto
pondrías	habrías	puesto
pondría	habría	puesto
pondríamos	habríamos	puesto
pondríais	habríais	puesto
pondrían	habrían	puesto

MODO SUBJUNTIVO

Tiempos simples:

Presente

ponga
pongas
ponga
pongamos
pongáis
pongan

Pretérito imperfecto

pusiese	*o*	-iera
pusieses	*o*	-ieras
pusiese	*o*	-iera
pusiésemos	*o*	-iéramos
pusieseis	*o*	-ierais
pusiesen	*o*	-ieran

Futuro imperfecto

pusiere
pusieres
pusiere
pusiéremos
pusiereis
pusieren

Tiempos compuestos:

Pretérito perfecto

haya	puesto
hayas	puesto
haya	puesto
hayamos	puesto
hayáis	puesto
hayan	puesto

Pretérito pluscuamperfecto

hubiese	*o*	-iera	puesto
hubieses	*o*	-ieras	"
hubiese	*o*	-iera	"
hubiésemos	*o*	-iéramos	"
hubieseis	*o*	-ierais	"
hubiesen	*o*	-ieran	"

Futuro perfecto

hubiere	puesto
hubieres	puesto
hubiere	puesto
hubiéremos	puesto
hubiereis	puesto
hubieren	puesto

MODO IMPERATIVO

Presente

pon
poned

Formas no personales

Simples:

Infinitivo: poner
Gerundio: poniendo
Participio: puesto

Compuestas:

Infinitivo: haber puesto
Gerundio habiendo puesto

MODO INDICATIVO

Tiempos simples:	Tiempos compuestos:	
Presente	*Pretérito perfecto*	
poseo	he	poseído
posees	has	poseído
posee	ha	poseído
poseemos	hemos	poseído
poseéis	habéis	poseído
poseen	han	poseído
Pretérito imperfecto	*Pretérito pluscuamperfecto*	
poseía	había	poseído
poseías	habías	poseído
poseía	había	poseído
poseíamos	habíamos	poseído
poseíais	habíais	poseído
poseían	habían	poseído
Pretérito perfecto simple	*Pretérito anterior*	
poseí	hube	poseído
poseíste	hubiste	poseído
poseyó	hubo	poseído
poseímos	hubimos	poseído
poseísteis	hubisteis	poseído
poseyeron	hubieron	poseído
Futuro imperfecto	*Futuro perfecto*	
poseeré	habré	poseído
poseerás	habrás	poseído
poseerá	habrá	poseído
poseeremos	habremos	poseído
poseeréis	habréis	poseído
poseerán	habrán	poseído
Condicional simple	*Condicional compuesto*	
poseería	habría	poseído
poseerías	habrías	poseído
poseería	habría	poseído
poseeríamos	habríamos	poseído
poseeríais	habríais	poseído
poseerían	habrían	poseído

MODO SUBJUNTIVO

Tiempos simples:

Presente

posea
poseas
posea
poseamos
poseáis
posean

Pretérito imperfecto

poseyese	*o*	-yera
poseyeses	*o*	-yeras
poseyese	*o*	-yera
poseyésemos	*o*	-yéramos
poseyeseis	*o*	-yerais
poseyesen	*o*	-yeran

Futuro imperfecto

poseyere
poseyeres
poseyere
poseyéremos
poseyereis
poseyeren

Tiempos compuestos:

Pretérito perfecto

haya	poseído
hayas	poseído
haya	poseído
hayamos	poseído
hayáis	poseído
hayan	poseído

Pretérito pluscuamperfecto

hubiese	*o*	-iera	poseído
hubieses	*o*	-ieras	"
hubiese	*o*	-iera	"
hubiésemos	*o*	-iéramos	"
hubieseis	*o*	-ierais	"
hubiesen	*o*	-ieran	"

Futuro perfecto

hubiere	poseído
hubieres	poseído
hubiere	poseído
hubiéremos	poseído
hubiereis	poseído
hubieren	poseído

MODO IMPERATIVO

Presente

posee
poseed

Formas no personales

Simples:

Infinitivo: poseer
Gerundio: poseyendo
Participio: poseído (o poseso)

Compuestas:

Infinitivo: haber poseído
Gerundio habiendo poseído

MODO INDICATIVO

Tiempos simples:

Presente

predigo
predices
predice
predecimos
predecís
predicen

Pretérito imperfecto

predecía
predecías
predecía
predecíamos
predecíais
predecían

Pretérito perfecto simple

predije
predijiste
predijo
predijimos
predijisteis
predijeron

Futuro imperfecto

predeciré (o prediré)
predecirás (o predirás)
predecirá (o predirá)
predeciremos (o prediremos)
predeciréis (o prediréis)
predecirán (o predirán)

Condicional simple

predeciría (o prediría)
predecirías (o predirías)
predeciría (o prediría)
predeciríamos (o prediríamos)
predeciríais (o prediríais)
predecirían (o predirían)

Tiempos compuestos:

Pretérito perfecto

he predicho
has predicho
ha predicho
hemos predicho
habéis predicho
han predicho

Pretérito pluscuamperfecto

había predicho
habías predicho
había predicho
habíamos predicho
habíais predicho
habían predicho

Pretérito anterior

hube predicho
hubiste predicho
hubo predicho
hubimos predicho
hubisteis predicho
hubieron predicho

Futuro perfecto

habré predicho
habrás predicho
habrá predicho
habremos predicho
habréis predicho
habrán predicho

Condicional compuesto

habría predicho
habrías predicho
habría predicho
habríamos predicho
habríais predicho
habrían predicho

MODO SUBJUNTIVO

Tiempos simples:		Tiempos compuestos:	
Presente		*Pretérito perfecto*	
prediga		haya	predicho
predigas		hayas	predicho
prediga		haya	predicho
predigamos		hayamos	predicho
predigáis		hayáis	predicho
predigan		hayan	predicho
Pretérito imperfecto		*Pretérito pluscuamperfecto*	
predijese	*o* -era	hubiese *o* -iera	predicho
predijeses	*o* -eras	hubieses *o* -ieras	"
predijese	*o* -era	hubiese *o* -iera	"
predijésemos	*o* -éramos	hubiésemos *o* -iéramos	"
predijeseis	*o* -erais	hubieseis *o* -ierais	"
predijesen	*o* -eran	hubiesen *o* -ieran	"
Futuro imperfecto		*Futuro perfecto*	
predijere		hubiere	predicho
predijeres		hubieres	predicho
predijere		hubiere	predicho
predijéremos		hubiéremos	predicho
predijereis		hubiereis	predicho
predijeren		hubieren	predicho

MODO IMPERATIVO

Presente

predice
predecid

Formas no personales

Simples:		Compuestas:		
Infinitivo:	predecir	*Infinitivo:*	haber	predicho
Gerundio:	prediciendo	*Gerundio*	habiendo	predicho
Participio:	predicho			

MODO INDICATIVO

Tiempos simples:	Tiempos compuestos:	
Presente	*Pretérito perfecto*	
prendo	he	prendido
prendes	has	prendido
prende	ha	prendido
prendemos	hemos	prendido
prendéis	habéis	prendido
prenden	han	prendido
Pretérito imperfecto	*Pretérito pluscuamperfecto*	
prendía	había	prendido
prendías	habías	prendido
prendía	había	prendido
prendíamos	habíamos	prendido
prendíais	habíais	prendido
prendían	habían	prendido
Pretérito perfecto simple	*Pretérito anterior*	
prendí	hube	prendido
prendiste	hubiste	prendido
prendió	hubo	prendido
prendimos	hubimos	prendido
prendisteis	hubisteis	prendido
prendieron	hubieron	prendido
Futuro imperfecto	*Futuro perfecto*	
prenderé	habré	prendido
prenderás	habrás	prendido
prenderá	habrá	prendido
prenderemos	habremos	prendido
prenderéis	habréis	prendido
prenderán	habrán	prendido
Condicional simple	*Condicional compuesto*	
prendería	habría	prendido
prenderías	habrías	prendido
prendería	habría	prendido
prenderíamos	habríamos	prendido
prenderíais	habríais	prendido
prenderían	habrían	prendido

MODO SUBJUNTIVO

Tiempos simples:

Presente

prenda
prendas
prenda
prendamos
prendáis
prendan

Pretérito imperfecto

prendiese	*o*	-iera
prendieses	*o*	-ieras
prendiese	*o*	-iera
prendiésemos	*o*	-iéramos
prendieseis	*o*	-ierais
prendiesen	*o*	-ieran

Futuro imperfecto

prendiere
prendieres
prendiere
prendiéremos
prendiereis
prendieren

Tiempos compuestos:

Pretérito perfecto

haya	prendido
hayas	prendido
haya	prendido
hayamos	prendido
hayáis	prendido
hayan	prendido

Pretérito pluscuamperfecto

hubiese	*o*	-iera	prendido
hubieses	*o*	-ieras	"
hubiese	*o*	-iera	"
hubiésemos	*o*	-iéramos	"
hubieseis	*o*	-ierais	"
hubiesen	*o*	-ieran	"

Futuro perfecto

hubiere	prendido
hubieres	prendido
hubiere	prendido
hubiéremos	prendido
hubiereis	prendido
hubieren	prendido

MODO IMPERATIVO

Presente

prende
prended

Formas no personales

Simples:

Infinitivo: prender
Gerundio: prendiendo
Participio: prendido (o preso)

Compuestas:

Infinitivo: haber prendido
Gerundio habiendo prendido

MODO INDICATIVO

Tiempos simples:

Presente

presumo
presumes
presume
presumimos
presumís
presumen

Pretérito imperfecto

presumía
presumías
presumía
presumíamos
presumíais
presumían

Pretérito perfecto simple

presumí
presumiste
presumió
presumimos
presumisteis
presumieron

Futuro imperfecto

presumiré
presumirás
presumirá
presumiremos
presumiréis
presumirán

Condicional simple

presumiría
presumirías
presumiría
presumiríamos
presumiríais
presumirían

Tiempos compuestos:

Pretérito perfecto

he presumido
has presumido
ha presumido
hemos presumido
habéis presumido
han presumido

Pretérito pluscuamperfecto

había presumido
habías presumido
había presumido
habíamos presumido
habíais presumido
habían presumido

Pretérito anterior

hube presumido
hubiste presumido
hubo presumido
hubimos presumido
hubisteis presumido
hubieron presumido

Futuro perfecto

habré presumido
habrás presumido
habrá presumido
habremos presumido
habréis presumido
habrán presumido

Condicional compuesto

habría presumido
habrías presumido
habría presumido
habríamos presumido
habríais presumido
habrían presumido

MODO SUBJUNTIVO

Tiempos simples:

Presente

presuma
presumas
presuma
presumamos
presumáis
presuman

Pretérito imperfecto

presumiese	*o*	-iera
presumieses	*o*	-ieras
presumiese	*o*	-iera
presumiésemos	*o*	-iéramos
presumieseis	*o*	-ierais
presumiesen	*o*	-ieran

Futuro imperfecto

presumiere
presumieres
presumiere
presumiéremos
presumiereis
presumieren

Tiempos compuestos:

Pretérito perfecto

haya	presumido
hayas	presumido
haya	presumido
hayamos	presumido
hayáis	presumido
hayan	presumido

Pretérito pluscuamperfecto

hubiese	*o*	-iera	presumido
hubieses	*o*	-ieras	"
hubiese	*o*	-iera	"
hubiésemos	*o*	-iéramos	"
hubieseis	*o*	-ierais	"
hubiesen	*o*	-ieran	"

Futuro perfecto

hubiere	presumido
hubieres	presumido
hubiere	presumido
hubiéremos	presumido
hubiereis	presumido
hubieren	presumido

MODO IMPERATIVO

Presente

presume
presumid

Formas no personales

Simples:

Infinitivo: presumir
Gerundio: presumiendo
Participio: presumido (o presunto)

Compuestas:

Infinitivo: haber presumido
Gerundio habiendo presumido

MODO INDICATIVO

Tiempos simples:

Presente

pretendo
pretendes
pretende
pretendemos
pretendéis
pretenden

Pretérito imperfecto

pretendía
pretendías
pretendía
pretendíamos
pretendíais
pretendían

Pretérito perfecto simple

pretendí
pretendiste
pretendió
pretendimos
pretendisteis
pretendieron

Futuro imperfecto

pretenderé
pretenderás
pretenderá
pretenderemos
pretenderéis
pretenderán

Condicional simple

pretendería
pretenderías
pretendería
pretenderíamos
pretenderíais
pretenderían

Tiempos compuestos:

Pretérito perfecto

he pretendido
has pretendido
ha pretendido
hemos pretendido
habéis pretendido
han pretendido

Pretérito pluscuamperfecto

había pretendido
habías pretendido
había pretendido
habíamos pretendido
habíais pretendido
habían pretendido

Pretérito anterior

hube pretendido
hubiste pretendido
hubo pretendido
hubimos pretendido
hubisteis pretendido
hubieron pretendido

Futuro perfecto

habré pretendido
habrás pretendido
habrá pretendido
habremos pretendido
habréis pretendido
habrán pretendido

Condicional compuesto

habría pretendido
habrías pretendido
habría pretendido
habríamos pretendido
habríais pretendido
habrían pretendido

MODO SUBJUNTIVO

Tiempos simples:

Presente

pretenda
pretendas
pretenda
pretendamos
pretendáis
pretendan

Pretérito imperfecto

pretendiese	*o*	-iera
pretendieses	*o*	-ieras
pretendiese	*o*	-iera
pretendiésemos	*o*	-iéramos
pretendieseis	*o*	-ierais
pretendiesen	*o*	-ieran

Futuro imperfecto

pretendiere
pretendieres
pretendiere
pretendiéremos
pretendiereis
pretendieren

Tiempos compuestos:

Pretérito perfecto

haya	pretendido
hayas	pretendido
haya	pretendido
hayamos	pretendido
hayáis	pretendido
hayan	pretendido

Pretérito pluscuamperfecto

hubiese	*o*	-iera	pretendido
hubieses	*o*	-ieras	"
hubiese	*o*	-iera	"
hubiésemos	*o*	-iéramos	"
hubieseis	*o*	-ierais	"
hubiesen	*o*	-ieran	"

Futuro perfecto

hubiere	pretendido
hubieres	pretendido
hubiere	pretendido
hubiéremos	pretendido
hubiereis	pretendido
hubieren	pretendido

MODO IMPERATIVO

Presente

pretende
pretended

Formas no personales

Simples:

Infinitivo: pretender
Gerundio: pretendiendo
Participio: pretendido (o pretenso)

Compuestas:

Infinitivo: haber pretendido
Gerundio habiendo pretendido

Formas personales

MODO INDICATIVO

Tiempos simples:

Presente

propendo
propendes
propende
propendemos
propendéis
propenden

Pretérito imperfecto

propendía
propendías
propendía
propendíamos
propendíais
propendían

Pretérito perfecto simple

propendí
propendiste
propendió
propendimos
propendisteis
propendieron

Futuro imperfecto

propenderé
propenderás
propenderá
propenderemos
propenderéis
propenderán

Condicional simple

propendería
propenderías
propendería
propenderíamos
propenderíais
propenderían

Tiempos compuestos:

Pretérito perfecto

he propendido
has propendido
ha propendido
hemos propendido
habéis propendido
han propendido

Pretérito pluscuamperfecto

había propendido
habías propendido
había propendido
habíamos propendido
habíais propendido
habían propendido

Pretérito anterior

hube propendido
hubiste propendido
hubo propendido
hubimos propendido
hubisteis propendido
hubieron propendido

Futuro perfecto

habré propendido
habrás propendido
habrá propendido
habremos propendido
habréis propendido
habrán propendido

Condicional compuesto

habría propendido
habrías propendido
habría propendido
habríamos propendido
habríais propendido
habrían propendido

MODO SUBJUNTIVO

Tiempos simples:			**Tiempos compuestos:**			
Presente			*Pretérito perfecto*			
propenda			haya	propendido		
propendas			hayas	propendido		
propenda			haya	propendido		
propendamos			hayamos	propendido		
propendáis			hayáis	propendido		
propendan			hayan	propendido		
Pretérito imperfecto			*Pretérito pluscuamperfecto*			
propendiese	*o*	-iera	hubiese	*o*	-iera	propendido
propendieses	*o*	-ieras	hubieses	*o*	-ieras	"
propendiese	*o*	-iera	hubiese	*o*	-iera	"
propendiésemos	*o*	-iéramos	hubiésemos	*o*	-iéramos	"
propendieseis	*o*	-ierais	hubieseis	*o*	-ierais	"
propendiesen	*o*	-ieran	hubiesen	*o*	-ieran	"
Futuro imperfecto			*Futuro perfecto*			
propendiere			hubiere	propendido		
propendieres			hubieres	propendido		
propendiere			hubiere	propendido		
propendiéremos			hubiéremos	propendido		
propendiereis			hubiereis	propendido		
propendieren			hubieren	propendido		

MODO IMPERATIVO

Presente

propende
propended

Formas no personales

Simples:		**Compuestas:**		
Infinitivo:	propender	*Infinitivo:*	haber	propendido
Gerundio:	propendiendo	*Gerundio*	habiendo	propendido
Participio:	propendido (o propenso)			

MODO INDICATIVO

Tiempos simples:	Tiempos compuestos:	
Presente	*Pretérito perfecto*	
proscribo	he	proscrito
proscribes	has	proscrito
proscribe	ha	proscrito
proscribimos	hemos	proscrito
proscribís	habéis	proscrito
proscriben	han	proscrito
Pretérito imperfecto	*Pretérito pluscuamperfecto*	
proscribía	había	proscrito
proscribías	habías	proscrito
proscribía	había	proscrito
proscribíamos	habíamos	proscrito
proscribíais	habíais	proscrito
proscribían	habían	proscrito
Pretérito perfecto simple	*Pretérito anterior*	
proscribí	hube	proscrito
proscribiste	hubiste	proscrito
proscribió	hubo	proscrito
proscribimos	hubimos	proscrito
proscribisteis	hubisteis	proscrito
proscribieron	hubieron	proscrito
Futuro imperfecto	*Futuro perfecto*	
proscribiré	habré	proscrito
proscribirás	habrás	proscrito
proscribirá	habrá	proscrito
proscribiremos	habremos	proscrito
proscribiréis	habréis	proscrito
proscribirán	habrán	proscrito
Condicional simple	*Condicional compuesto*	
proscribiría	habría	proscrito
proscribirías	habrías	proscrito
proscribiría	habría	proscrito
proscribiríamos	habríamos	proscrito
proscribiríais	habríais	proscrito
proscribirían	habrían	proscrito

MODO SUBJUNTIVO

Tiempos simples:

Presente

proscriba
proscribas
proscriba
proscribamos
proscribáis
proscriban

Pretérito imperfecto

proscribiese *o* -iera
proscribieses *o* -ieras
proscribiese *o* -iera
proscribiésemos *o* -iéramos
proscribieseis *o* -ierais
proscribiesen *o* -ieran

Futuro imperfecto

proscribiere
proscribieres
proscribiere
proscribiéremos
proscribiereis
proscribieren

Tiempos compuestos:

Pretérito perfecto

haya proscrito
hayas proscrito
haya proscrito
hayamos proscrito
hayáis proscrito
hayan proscrito

Pretérito pluscuamperfecto

hubiese *o* -iera proscrito
hubieses *o* -ieras "
hubiese *o* -iera "
hubiésemos *o* -iéramos "
hubieseis *o* -ierais "
hubiesen *o* -ieran "

Futuro perfecto

hubiere proscrito
hubieres proscrito
hubiere proscrito
hubiéremos proscrito
hubiereis proscrito
hubieren proscrito

MODO IMPERATIVO

Presente

proscribe
proscribid

Formas no personales

Simples:

Infinitivo: proscribir
Gerundio: proscribiendo
Participio: proscrito (o proscripto)

Compuestas:

Infinitivo: haber proscrito
Gerundio habiendo proscrito

MODO INDICATIVO

Tiempos simples:

Presente

prostituyo
prostituyes
prostituye
prostituimos
prostituís
prostituyen

Pretérito imperfecto

prostituía
prostituías
prostituía
prostituíamos
prostituíais
prostituían

Pretérito perfecto simple

prostituí
prostituiste
prostituyó
prostituimos
prostituisteis
prostituyeron

Futuro imperfecto

prostituiré
prostituirás
prostituirá
prostituiremos
prostituiréis
prostituirán

Condicional simple

prostituiría
prostituirías
prostituiría
prostituiríamos
prostituiríais
prostituirían

Tiempos compuestos:

Pretérito perfecto

he prostituido
has prostituido
ha prostituido
hemos prostituido
habéis prostituido
han prostituido

Pretérito pluscuamperfecto

había prostituido
habías prostituido
había prostituido
habíamos prostituido
habíais prostituido
habían prostituido

Pretérito anterior

hube prostituido
hubiste prostituido
hubo prostituido
hubimos prostituido
hubisteis prostituido
hubieron prostituido

Futuro perfecto

habré prostituido
habrás prostituido
habrá prostituido
habremos prostituido
habréis prostituido
habrán prostituido

Condicional compuesto

habría prostituido
habrías prostituido
habría prostituido
habríamos prostituido
habríais prostituido
habrían prostituido

MODO SUBJUNTIVO

Tiempos simples:	Tiempos compuestos:
Presente	*Pretérito perfecto*
prostituya	haya prostituido
prostituyas	hayas prostituido
prostituya	haya prostituido
prostituyamos	hayamos prostituido
prostituyáis	hayáis prostituido
prostituyan	hayan prostituido
Pretérito imperfecto	*Pretérito pluscuamperfecto*
prostituyese *o* -yera	hubiese *o* -iera prostituido
prostituyeses *o* -yeras	hubieses *o* -ieras "
prostituyese *o* -yera	hubiese *o* -iera "
prostituyésemos *o* -yéramos	hubiésemos *o* -iéramos "
prostituyeseis *o* -yerais	hubieseis *o* -ierais "
prostituyesen *o* -yeran	hubiesen *o* -ieran "
Futuro imperfecto	*Futuro perfecto*
prostituyere	hubiere prostituido
prostituyeres	hubieres prostituido
prostituyere	hubiere prostituido
prostituyéremos	hubiéremos prostituido
prostituyereis	hubiereis prostituido
prostituyeren	hubieren prostituido

MODO IMPERATIVO

Presente

prostituye
prostituid

Formas no personales

Simples:		Compuestas:		
Infinitivo:	prostituir	*Infinitivo:*	haber	prostituido
Gerundio:	prostituyendo	*Gerundio*	habiendo	prostituido
Participio:	prostituido (o prostituto)			

MODO INDICATIVO

Tiempos simples:	Tiempos compuestos:
Presente	*Pretérito perfecto*
proveo	he provisto
provees	has provisto
provee	ha provisto
proveemos	hemos provisto
proveéis	habéis provisto
proveen	han provisto
Pretérito imperfecto	*Pretérito pluscuamperfecto*
proveía	había provisto
proveías	habías provisto
proveía	había provisto
proveíamos	habíamos provisto
proveíais	habíais provisto
proveían	habían provisto
Pretérito perfecto simple	*Pretérito anterior*
proveí	hube provisto
proveíste	hubiste provisto
proveyó	hubo provisto
proveímos	hubimos provisto
proveísteis	hubisteis provisto
proveyeron	hubieron provisto
Futuro imperfecto	*Futuro perfecto*
proveeré	habré provisto
proveerás	habrás provisto
proveerá	habrá provisto
proveeremos	habremos provisto
proveeréis	habréis provisto
proveerán	habrán provisto
Condicional simple	*Condicional compuesto*
proveería	habría provisto
proveerías	habrías provisto
proveería	habría provisto
proveeríamos	habríamos provisto
proveeríais	habríais provisto
proveerían	habrían provisto

MODO SUBJUNTIVO

Tiempos simples:

Presente

provea
proveas
provea
proveamos
proveáis
provean

Pretérito imperfecto

proveyese	*o*	-yera
proveyeses	*o*	-yeras
proveyese	*o*	-yera
proveyésemos	*o*	-yéramos
proveyeseis	*o*	-yerais
proveyesen	*o*	-yeran

Futuro imperfecto

proveyere
proveyeres
proveyere
proveyéremos
proveyereis
proveyeren

Tiempos compuestos:

Pretérito perfecto

haya	provisto
hayas	provisto
haya	provisto
hayamos	provisto
hayáis	provisto
hayan	provisto

Pretérito pluscuamperfecto

hubiese	*o*	-iera	provisto
hubieses	*o*	-ieras	"
hubiese	*o*	-iera	"
hubiésemos	*o*	-iéramos	"
hubieseis	*o*	-ierais	"
hubiesen	*o*	-ieran	"

Futuro perfecto

hubiere	provisto
hubieres	provisto
hubiere	provisto
hubiéremos	provisto
hubiereis	provisto
hubieren	provisto

MODO IMPERATIVO

Presente

provee
proveed

Formas no personales

Simples:

Infinitivo: proveer
Gerundio: proveyendo
Participio: provisto (o proveído)

Compuestas:

Infinitivo: haber provisto
Gerundio habiendo provisto

MODO INDICATIVO

Tiempos simples:	Tiempos compuestos:	
Presente	***Pretérito perfecto***	
pudro	he	podrido
pudres	has	podrido
pudre	ha	podrido
pudrimos	hemos	podrido
pudrís	habéis	podrido
pudren	han	podrido
Pretérito imperfecto	***Pretérito pluscuamperfecto***	
pudría	había	podrido
pudrías	habías	podrido
pudría	había	podrido
pudríamos	habíamos	podrido
pudríais	habíais	podrido
pudrían	habían	podrido
Pretérito perfecto simple	***Pretérito anterior***	
pudrí	hube	podrido
pudriste	hubiste	podrido
pudrió	hubo	podrido
pudrimos	hubimos	podrido
pudristeis	hubisteis	podrido
pudrieron	hubieron	podrido
Futuro imperfecto	***Futuro perfecto***	
pudriré	habré	podrido
pudrirás	habrás	podrido
pudrirá	habrá	podrido
pudriremos	habremos	podrido
pudriréis	habréis	podrido
pudrirán	habrán	podrido
Condicional simple	***Condicional compuesto***	
pudriría	habría	podrido
pudrirías	habrías	podrido
pudriría	habría	podrido
pudriríamos	habríamos	podrido
pudriríais	habríais	podrido
pudrirían	habrían	podrido

MODO SUBJUNTIVO

Tiempos simples:

Presente

pudra
pudras
pudra
pudramos
pudráis
pudran

Pretérito imperfecto

pudriese	*o*	-iera
pudrieses	*o*	-ieras
pudriese	*o*	-iera
pudriésemos	*o*	-iéramos
pudrieseis	*o*	-ierais
pudriesen	*o*	-ieran

Futuro imperfecto

pudriere
pudrieres
pudriere
pudriéremos
pudriereis
pudrieren

Tiempos compuestos:

Pretérito perfecto

haya	podrido
hayas	podrido
haya	podrido
hayamos	podrido
hayáis	podrido
hayan	podrido

Pretérito pluscuamperfecto

hubiese	*o*	-iera	podrido
hubieses	*o*	-ieras	"
hubiese	*o*	-iera	"
hubiésemos	*o*	-iéramos	"
hubieseis	*o*	-ierais	"
hubiesen	*o*	-ieran	"

Futuro perfecto

hubiere	podrido
hubieres	podrido
hubiere	podrido
hubiéremos	podrido
hubiereis	podrido
hubieren	podrido

MODO IMPERATIVO

Presente

pudre
pudrid

Formas no personales

Simples:

Infinitivo: pudrir (o podrir)
Gerundio: pudriendo
Participio: podrido

Compuestas:

Infinitivo: haber podrido
Gerundio habiendo podrido

MODO INDICATIVO

Tiempos simples:

Presente

quiero
quieres
quiere
queremos
queréis
quieren

Pretérito imperfecto

quería
querías
quería
queríamos
queríais
querían

Pretérito perfecto simple

quise
quisiste
quiso
quisimos
quisisteis
quisieron

Futuro imperfecto

querré
querrás
querrá
querremos
querréis
querrán

Condicional simple

querría
querrías
querría
querríamos
querríais
querrían

Tiempos compuestos:

Pretérito perfecto

he querido
has querido
ha querido
hemos querido
habéis querido
han querido

Pretérito pluscuamperfecto

había querido
habías querido
había querido
habíamos querido
habíais querido
habían querido

Pretérito anterior

hube querido
hubiste querido
hubo querido
hubimos querido
hubisteis querido
hubieron querido

Futuro perfecto

habré querido
habrás querido
habrá querido
habremos querido
habréis querido
habrán querido

Condicional compuesto

habría querido
habrías querido
habría querido
habríamos querido
habríais querido
habrían querido

MODO SUBJUNTIVO

Tiempos simples:

Presente

quiera
quieras
quiera
queramos
queráis
quieran

Pretérito imperfecto

quisiese	*o*	-iera
quisieses	*o*	-ieras
quisiese	*o*	-iera
quisiésemos	*o*	-iéramos
quisieseis	*o*	-ierais
quisiesen	*o*	-ieran

Futuro imperfecto

quisiere
quisieres
quisiere
quisiéremos
quisiereis
quisieren

Tiempos compuestos:

Pretérito perfecto

haya	querido
hayas	querido
haya	querido
hayamos	querido
hayáis	querido
hayan	querido

Pretérito pluscuamperfecto

hubiese	*o*	-iera	querido
hubieses	*o*	-ieras	"
hubiese	*o*	-iera	"
hubiésemos	*o*	-iéramos	"
hubieseis	*o*	-ierais	"
hubiesen	*o*	-ieran	"

Futuro perfecto

hubiere	querido
hubieres	querido
hubiere	querido
hubiéremos	querido
hubiereis	querido
hubieren	querido

MODO IMPERATIVO

Presente

quiere
quered

Formas no personales

Simples:

Infinitivo: querer
Gerundio: queriendo
Participio: querido

Compuestas:

Infinitivo: haber querido
Gerundio habiendo querido

MODO INDICATIVO

Tiempos simples:

Presente

raigo *o* rayo
raes
rae
raemos
raéis
raen

Pretérito imperfecto

raía
raías
raía
raíamos
raíais
raían

Pretérito perfecto simple

raí
raíste
rayó
raímos
raísteis
rayeron

Futuro imperfecto

raeré
raerás
raerá
raeremos
raeréis
raerán

Condicional simple

raería
raerías
raería
raeríamos
raeríais
raerían

Tiempos compuestos:

Pretérito perfecto

he raído
has raído
ha raído
hemos raído
habéis raído
han raído

Pretérito pluscuamperfecto

había raído
habías raído
había raído
habíamos raído
habíais raído
habían raído

Pretérito anterior

hube raído
hubiste raído
hubo raído
hubimos raído
hubisteis raído
hubieron raído

Futuro perfecto

habré raído
habrás raído
habrá raído
habremos raído
habréis raído
habrán raído

Condicional compuesto

habría raído
habrías raído
habría raído
habríamos raído
habríais raído
habrían raído

MODO SUBJUNTIVO

Tiempos simples:

Presente

raiga	*o*	raya
raigas	*o*	rayas
raiga	*o*	raya
raigamos	*o*	rayamos
raigáis	*o*	rayáis
raigan	*o*	rayan

Pretérito imperfecto

rayese	*o*	-yera
rayeses	*o*	-yeras
rayese	*o*	-yera
rayésemos	*o*	-yéramos
rayeseis	*o*	-yerais
rayesen	*o*	-yeran

Futuro imperfecto

rayere
rayeres
rayere
rayéremos
rayereis
rayeren

Tiempos compuestos:

Pretérito perfecto

haya	raído
hayas	raído
haya	raído
hayamos	raído
hayáis	raído
hayan	raído

Pretérito pluscuamperfecto

hubiese	*o*	-iera	raído
hubieses	*o*	-ieras	"
hubiese	*o*	-iera	"
hubiésemos	*o*	-iéramos	"
hubieseis	*o*	-ierais	"
hubiesen	*o*	-ieran	"

Futuro perfecto

hubiere	raído
hubieres	raído
hubiere	raído
hubiéremos	raído
hubiereis	raído
hubieren	raído

MODO IMPERATIVO

Presente

rae
raed

Formas no personales

Simples:

Infinitivo: raer
Gerundio: rayendo
Participio: raído

Compuestas:

Infinitivo: haber raído
Gerundio habiendo raído

MODO INDICATIVO

Tiempos simples:

Presente

rarefago
rarefaces
rareface
rarefacemos
rarefacéis
rarefacen

Pretérito imperfecto

rarefacía
rarefacías
rarefacía
rarefacíamos
rarefacíais
rarefacían

Pretérito perfecto simple

rarefice
rareficiste
rarefizo
rareficimos
rareficisteis
rareficieron

Futuro imperfecto

rarefaré
rarefarás
rarefará
rarefaremos
rarefaréis
rarefarán

Condicional simple

rarefaría
rarefarías
rarefaría
rarefaríamos
rarefaríais
rarefarían

Tiempos compuestos:

Pretérito perfecto

he rarefacto
has rarefacto
ha rarefacto
hemos rarefacto
habéis rarefacto
han rarefacto

Pretérito pluscuamperfecto

había rarefacto
habías rarefacto
había rarefacto
habíamos rarefacto
habíais rarefacto
habían rarefacto

Pretérito anterior

hube rarefacto
hubiste rarefacto
hubo rarefacto
hubimos rarefacto
hubisteis rarefacto
hubieron rarefacto

Futuro perfecto

habré rarefacto
habrás rarefacto
habrá rarefacto
habremos rarefacto
habréis rarefacto
habrán rarefacto

Condicional compuesto

habría rarefacto
habrías rarefacto
habría rarefacto
habríamos rarefacto
habríais rarefacto
habrían rarefacto

MODO SUBJUNTIVO

Tiempos simples:

Presente

rarefaga
rarefagas
rarefaga
rarefagamos
rarefagáis
rarefagan

Pretérito imperfecto

rareficiese	*o*	-iera
rareficieses	*o*	-ieras
rareficiese	*o*	-iera
rareficiésemos	*o*	-iéramos
rareficieseis	*o*	-ierais
rareficiesen	*o*	-ieran

Futuro imperfecto

rareficiere
rareficieres
rareficiere
rareficiéremos
rareficiereis
rareficieren

Tiempos compuestos:

Pretérito perfecto

haya	rarefacto
hayas	rarefacto
haya	rarefacto
hayamos	rarefacto
hayáis	rarefacto
hayan	rarefacto

Pretérito pluscuamperfecto

hubiese	*o*	-iera	rarefacto
hubieses	*o*	-ieras	"
hubiese	*o*	-iera	"
hubiésemos	*o*	-iéramos	"
hubieseis	*o*	-ierais	"
hubiesen	*o*	-ieran	"

Futuro perfecto

hubiere	rarefacto
hubieres	rarefacto
hubiere	rarefacto
hubiéremos	rarefacto
hubiereis	rarefacto
hubieren	rarefacto

MODO IMPERATIVO

Presente

rareface *o* rarefaz
rarefaced

Formas no personales

Simples:

Infinitivo: rarefacer
Gerundio: rarefaciendo
Participio: rarefacto

Compuestas:

Infinitivo: haber rarefacto
Gerundio habiendo rarefacto

MODO INDICATIVO

Tiempos simples:

Presente

recluyo
recluyes
recluye
recluimos
recluís
recluyen

Pretérito imperfecto

recluía
recluías
recluía
recluíamos
recluíais
recluían

Pretérito perfecto simple

recluí
recluiste
recluyó
recluimos
recluisteis
recluyeron

Futuro imperfecto

recluiré
recluirás
recluirá
recluiremos
recluiréis
recluirán

Condicional simple

recluiría
recluirías
recluiría
recluiríamos
recluiríais
recluirían

Tiempos compuestos:

Pretérito perfecto

he recluido
has recluido
ha recluido
hemos recluido
habéis recluido
han recluido

Pretérito pluscuamperfecto

había recluido
habías recluido
había recluido
habíamos recluido
habíais recluido
habían recluido

Pretérito anterior

hube recluido
hubiste recluido
hubo recluido
hubimos recluido
hubisteis recluido
hubieron recluido

Futuro perfecto

habré recluido
habrás recluido
habrá recluido
habremos recluido
habréis recluido
habrán recluido

Condicional compuesto

habría recluido
habrías recluido
habría recluido
habríamos recluido
habríais recluido
habrían recluido

MODO SUBJUNTIVO

Tiempos simples:			Tiempos compuestos:			
Presente			*Pretérito perfecto*			
recluya			haya	recluido		
recluyas			hayas	recluido		
recluya			haya	recluido		
recluyamos			hayamos	recluido		
recluyáis			hayáis	recluido		
recluyan			hayan	recluido		
Pretérito imperfecto			*Pretérito pluscuamperfecto*			
recluyese	*o*	-yera	hubiese	*o*	-iera	recluido
recluyeses	*o*	-yeras	hubieses	*o*	-ieras	"
recluyese	*o*	-yera	hubiese	*o*	-iera	"
recluyésemos	*o*	-yéramos	hubiésemos	*o*	-iéramos	"
recluyeseis	*o*	-yerais	hubieseis	*o*	-ierais	"
recluyesen	*o*	-yeran	hubiesen	*o*	-ieran	"
Futuro imperfecto			*Futuro perfecto*			
recluyere			hubiere	recluido		
recluyeres			hubieres	recluido		
recluyere			hubiere	recluido		
recluyéremos			hubiéremos	recluido		
recluyereis			hubiereis	recluido		
recluyeren			hubieren	recluido		

MODO IMPERATIVO

Presente

recluye
recluid

Formas no personales

Simples:		Compuestas:		
Infinitivo:	recluir	*Infinitivo:*	haber	recluido
Gerundio:	recluyendo	*Gerundio*	habiendo	recluido
Participio:	recluido (o recluso)			

MODO INDICATIVO

Tiempos simples:	Tiempos compuestos:
Presente	*Pretérito perfecto*
reduzco	he reducido
reduces	has reducido
reduce	ha reducido
reducimos	hemos reducido
reducís	habéis reducido
reducen	han reducido
Pretérito imperfecto	*Pretérito pluscuamperfecto*
reducía	había reducido
reducías	habías reducido
reducía	había reducido
reducíamos	habíamos reducido
reducíais	habíais reducido
reducían	habían reducido
Pretérito perfecto simple	*Pretérito anterior*
reduje	hube reducido
redujiste	hubiste reducido
redujo	hubo reducido
redujimos	hubimos reducido
redujisteis	hubisteis reducido
redujeron	hubieron reducido
Futuro imperfecto	*Futuro perfecto*
reduciré	habré reducido
reducirás	habrás reducido
reducirá	habrá reducido
reduciremos	habremos reducido
reduciréis	habréis reducido
reducirán	habrán reducido
Condicional simple	*Condicional compuesto*
reduciría	habría reducido
reducirías	habrías reducido
reduciría	habría reducido
reduciríamos	habríamos reducido
reduciríais	habríais reducido
reducirían	habrían reducido

MODO SUBJUNTIVO

Tiempos simples:

Presente

reduzca
reduzcas
reduzca
reduzcamos
reduzcáis
reduzcan

Pretérito imperfecto

redujese	*o*	-jera
redujeses	*o*	-jeras
redujese	*o*	-jera
redujésemos	*o*	-jéramos
redujeseis	*o*	-jerais
redujesen	*o*	-jeran

Futuro imperfecto

redujere
redujeres
redujere
redujéremos
redujereis
redujeren

Tiempos compuestos:

Pretérito perfecto

haya	reducido
hayas	reducido
haya	reducido
hayamos	reducido
hayáis	reducido
hayan	reducido

Pretérito pluscuamperfecto

hubiese	*o*	-iera	reducido
hubieses	*o*	-ieras	"
hubiese	*o*	-iera	"
hubiésemos	*o*	-iéramos	"
hubieseis	*o*	-ierais	"
hubiesen	*o*	-ieran	"

Futuro perfecto

hubiere	reducido
hubieres	reducido
hubiere	reducido
hubiéremos	reducido
hubiereis	reducido
hubieren	reducido

MODO IMPERATIVO

Presente

reduce
reducid

Formas no personales

Simples:

Infinitivo: reducir
Gerundio: reduciendo
Participio: reducido

Compuestas:

Infinitivo: haber reducido
Gerundio habiendo reducido

MODO INDICATIVO

Tiempos simples:	**Tiempos compuestos:**	
Presente	*Pretérito perfecto*	
rehíncho	he	rehenchido
rehínches	has	rehenchido
rehínche	ha	rehenchido
rehenchimos	hemos	rehenchido
rehenchís	habéis	rehenchido
rehínchen	han	rehenchido
Pretérito imperfecto	*Pretérito pluscuamperfecto*	
rehenchía	había	rehenchido
rehenchías	habías	rehenchido
rehenchía	había	rehenchido
rehenchíamos	habíamos	rehenchido
rehenchíais	habíais	rehenchido
rehenchían	habían	rehenchido
Pretérito perfecto simple	*Pretérito anterior*	
rehenchí	hube	rehenchido
rehenchiste	hubiste	rehenchido
rehinchió	hubo	rehenchido
rehenchimos	hubimos	rehenchido
rehenchisteis	hubisteis	rehenchido
rehinchieron	hubieron	rehenchido
Futuro imperfecto	*Futuro perfecto*	
rehenchiré	habré	rehenchido
rehenchirás	habrás	rehenchido
rehenchirá	habrá	rehenchido
rehenchiremos	habremos	rehenchido
rehenchiréis	habréis	rehenchido
rehenchirán	habrán	rehenchido
Condicional simple	*Condicional compuesto*	
rehenchiría	habría	rehenchido
rehenchirías	habrías	rehenchido
rehenchiría	habría	rehenchido
rehenchiríamos	habríamos	rehenchido
rehenchiríais	habríais	rehenchido
rehenchirían	habrían	rehenchido

MODO SUBJUNTIVO

Tiempos simples:	**Tiempos compuestos:**
Presente	*Pretérito perfecto*
rehíncha	haya rehenchido
rehínchas	hayas rehenchido
rehíncha	haya rehenchido
rehinchamos	hayamos rehenchido
rehincháis	hayáis rehenchido
rehínchan	hayan rehenchido
Pretérito imperfecto	*Pretérito pluscuamperfecto*
rehinchiese *o* -iera	hubiese *o* -iera rehenchido
rehinchieses *o* -ieras	hubieses *o* -ieras "
rehinchiese *o* -iera	hubiese *o* -iera "
rehinchiésemos *o* -iéramos	hubiésemos *o* -iéramos "
rehinchieseis *o* -ierais	hubieseis *o* -ierais "
rehinchiesen *o* -ieran	hubiesen *o* -ieran "
Futuro imperfecto	*Futuro perfecto*
rehinchiere	hubiere rehenchido
rehinchieres	hubieres rehenchido
rehinchiere	hubiere rehenchido
rehinchiéremos	hubiéremos rehenchido
rehinchiereis	hubiereis rehenchido
rehinchieren	hubieren rehenchido

MODO IMPERATIVO

Presente

rehínche
rehenchid

Formas no personales

Simples:		**Compuestas:**		
Infinitivo:	rehenchir	*Infinitivo:*	haber	rehenchido
Gerundio:	rehinchiendo	*Gerundio*	habiendo	rehenchido
Participio:	rehenchido			

MODO INDICATIVO

Tiempos simples:

Presente

río
ríes
ríe
reímos
reís
ríen

Pretérito imperfecto

reía
reías
reía
reíamos
reíais
reían

Pretérito perfecto simple

reí
reíste
rió
reímos
reísteis
rieron

Futuro imperfecto

reiré
reirás
reirá
reiremos
reiréis
reirán

Condicional simple

reiría
reirías
reiría
reiríamos
reiríais
reirían

Tiempos compuestos:

Pretérito perfecto

he reído
has reído
ha reído
hemos reído
habéis reído
han reído

Pretérito pluscuamperfecto

había reído
habías reído
había reído
habíamos reído
habíais reído
habían reído

Pretérito anterior

hube reído
hubiste reído
hubo reído
hubimos reído
hubisteis reído
hubieron reído

Futuro perfecto

habré reído
habrás reído
habrá reído
habremos reído
habréis reído
habrán reído

Condicional compuesto

habría reído
habrías reído
habría reído
habríamos reído
habríais reído
habrían reído

MODO SUBJUNTIVO

Tiempos simples:			Tiempos compuestos:			
Presente			*Pretérito perfecto*			
ría			haya	reído		
rías			hayas	reído		
ría			haya	reído		
riamos			hayamos	reído		
riáis			hayáis	reído		
rían			hayan	reído		
Pretérito imperfecto			*Pretérito pluscuamperfecto*			
riese	*o*	riera	hubiese	*o*	-iera	reído
rieses	*o*	rieras	hubieses	*o*	-ieras	"
riese	*o*	riera	hubiese	*o*	-iera	"
riésemos	*o*	riéramos	hubiésemos	*o*	-iéramos	"
rieseis	*o*	rierais	hubieseis	*o*	-ierais	"
rieses	*o*	rieran	hubiesen	*o*	-ieran	"
Futuro imperfecto			*Futuro perfecto*			
riere			hubiere	reído		
rieres			hubieres	reído		
riere			hubiere	reído		
riéremos			hubiéremos	reído		
riereis			hubiereis	reído		
rieren			hubieren	reído		

MODO IMPERATIVO

Presente

ríe
reíd

Formas no personales

Simples:		Compuestas:		
Infinitivo:	reír	*Infinitivo:*	haber	reído
Gerundio:	riendo	*Gerundio*	habiendo	reído
Participio:	reído			

MODO INDICATIVO

Tiempos simples:

Presente

reluzco
reluces
reluce
relucimos
relucís
relucen

Pretérito imperfecto

relucía
relucías
relucía
relucíamos
relucíais
relucían

Pretérito perfecto simple

relucí
reluciste
relució
relucimos
relucisteis
relucieron

Futuro imperfecto

reluciré
relucirás
relucirá
reluciremos
reluciréis
relucirán

Condicional simple

reluciría
relucirías
reluciría
reluciríamos
reluciríais
relucirían

Tiempos compuestos:

Pretérito perfecto

he relucido
has relucido
ha relucido
hemos relucido
habéis relucido
han relucido

Pretérito pluscuamperfecto

había relucido
habías relucido
había relucido
habíamos relucido
habíais relucido
habían relucido

Pretérito anterior

hube relucido
hubiste relucido
hubo relucido
hubimos relucido
hubisteis relucido
hubieron relucido

Futuro perfecto

habré relucido
habrás relucido
habrá relucido
habremos relucido
habréis relucido
habrán relucido

Condicional compuesto

habría relucido
habrías relucido
habría relucido
habríamos relucido
habríais relucido
habrían relucido

MODO SUBJUNTIVO

Tiempos simples:		Tiempos compuestos:			
Presente		*Pretérito perfecto*			
reluzca		haya	relucido		
reluzcas		hayas	relucido		
reluzca		haya	relucido		
reluzcamos		hayamos	relucido		
reluzcáis		hayáis	relucido		
reluzcan		hayan	relucido		
Pretérito imperfecto		*Pretérito pluscuamperfecto*			
reluciese	*o* -iera	hubiese	*o*	-iera	relucido
relucieses	*o* -ieras	hubieses	*o*	-ieras	"
reluciese	*o* -iera	hubiese	*o*	-iera	"
reluciésemos	*o* -iéramos	hubiésemos	*o*	-iéramos	"
relucieseis	*o* -ierais	hubieseis	*o*	-ierais	"
reluciesen	*o* -ieran	hubiesen	*o*	-ieran	"
Futuro imperfecto		*Futuro perfecto*			
reluciere		hubiere	relucido		
relucieres		hubieres	relucido		
reluciere		hubiere	relucido		
reluciéremos		hubiéremos	relucido		
reluciereis		hubiereis	relucido		
relucieren		hubieren	relucido		

MODO IMPERATIVO

Presente

reluce
relucid

Formas no personales

Simples:		Compuestas:		
Infinitivo:	relucir	*Infinitivo:*	haber	relucido
Gerundio:	reluciendo	*Gerundio*	habiendo	relucido
Participio:	relucido			

MODO INDICATIVO

Tiempos simples:

Presente

reúno
reúnes
reúne
reunimos
reunís
reúnen

Pretérito imperfecto

reunía
reunías
reunía
reuníamos
reuníais
reunían

Pretérito perfecto simple

reuní
reuniste
reunió
reunimos
reunisteis
reunieron

Futuro imperfecto

reuniré
reunirás
reunirá
reuniremos
reuniréis
reunirán

Condicional simple

reuniría
reunirías
reuniría
reuniríamos
reuniríais
reunirían

Tiempos compuestos:

Pretérito perfecto

he reunido
has reunido
ha reunido
hemos reunido
habéis reunido
han reunido

Pretérito pluscuamperfecto

había reunido
habías reunido
había reunido
habíamos reunido
habíais reunido
habían reunido

Pretérito anterior

hube reunido
hubiste reunido
hubo reunido
hubimos reunido
hubisteis reunido
hubieron reunido

Futuro perfecto

habré reunido
habrás reunido
habrá reunido
habremos reunido
habréis reunido
habrán reunido

Condicional compuesto

habría reunido
habrías reunido
habría reunido
habríamos reunido
habríais reunido
habrían reunido

MODO SUBJUNTIVO

Tiempos simples:

Presente

reúna
reúnas
reúna
reunamos
reunáis
reúnan

Pretérito imperfecto

reuniese	*o*	-iera
reunieses	*o*	-ieras
reuniese	*o*	-iera
reuniésemos	*o*	-iéramos
reunieseis	*o*	-ierais
reuniesen	*o*	-ieran

Futuro imperfecto

reuniere
reunieres
reuniere
reuniéremos
reuniereis
reunieren

Tiempos compuestos:

Pretérito perfecto

haya	reunido
hayas	reunido
haya	reunido
hayamos	reunido
hayáis	reunido
hayan	reunido

Pretérito pluscuamperfecto

hubiese	*o*	-iera	reunido
hubieses	*o*	-ieras	"
hubiese	*o*	-iera	"
hubiésemos	*o*	-iéramos	"
hubieseis	*o*	-ierais	"
hubiesen	*o*	-ieran	"

Futuro perfecto

hubiere	reunido
hubieres	reunido
hubiere	reunido
hubiéremos	reunido
hubiereis	reunido
hubieren	reunido

MODO IMPERATIVO

Presente

reúne
reunid

Formas no personales

Simples:

Infinitivo: reunir
Gerundio: reuniendo
Participio: reunido

Compuestas:

Infinitivo: haber reunido
Gerundio habiendo reunido

MODO INDICATIVO

Tiempos simples:	Tiempos compuestos:
Presente	*Pretérito perfecto*
roo, roigo *o* royo	he roído
roes	has roído
roe	ha roído
roemos	hemos roído
roéis	habéis roído
roen	han roído
Pretérito imperfecto	*Pretérito pluscuamperfecto*
roía	había roído
roías	habías roído
roía	había roído
roíamos	habíamos roído
roíais	habíais roído
roían	habían roído
Pretérito perfecto simple	*Pretérito anterior*
roí	hube roído
roiste	hubiste roído
royó	hubo roído
roímos	hubimos roído
roísteis	hubisteis roído
royeron	hubieron roído
Futuro imperfecto	*Futuro perfecto*
roeré	habré roído
roerás	habrás roído
roerá	habrá roído
roeremos	habremos roído
roeréis	habréis roído
roerán	habrán roído
Condicional simple	*Condicional compuesto*
roería	habría roído
roerías	habrías roído
roería	habría roído
roeríamos	habríamos roído
roeríais	habríais roído
roerían	habrían roído

MODO SUBJUNTIVO

Tiempos simples:

Presente

roa, roiga *o* roya
roas, roigas *o* royas
roa, roiga *o* roya
roamos, roigamos *o* royamos
roáis, roigáis *o* royáis
roan, roigan *o* royan

Pretérito imperfecto

royese *o* -yera
royeses *o* -yeras
royese *o* -yera
royésemos *o* -yéramos
royeseis *o* -yerais
royesen *o* -yeran

Futuro imperfecto

royere
royeres
royere
royéremos
royereis
royeren

Tiempos compuestos:

Pretérito perfecto

haya roído
hayas roído
haya roído
hayamos roído
hayáis roído
hayan roído

Pretérito pluscuamperfecto

hubiese *o* -iera roído
hubieses *o* -ieras "
hubiese *o* -iera "
hubiésemos *o* -iéramos "
hubieseis *o* -ierais "
hubiesen *o* -ieran "

Futuro perfecto

hubiere roído
hubieres roído
hubiere roído
hubiéremos roído
hubiereis roído
hubieren roído

MODO IMPERATIVO

Presente

roe
roed

Formas no personales

Simples:

Infinitivo: roer
Gerundio: royendo
Participio: roído

Compuestas:

Infinitivo: haber roído
Gerundio habiendo roído

MODO INDICATIVO

Tiempos simples:	Tiempos compuestos:
Presente	*Pretérito perfecto*
rompo	he roto
rompes	has roto
rompe	ha roto
rompemos	hemos roto
rompéis	habéis roto
rompen	han roto
Pretérito imperfecto	*Pretérito pluscuamperfecto*
rompía	había roto
rompías	habías roto
rompía	había roto
rompíamos	habíamos roto
rompíais	habíais roto
rompían	habían roto
Pretérito perfecto simple	*Pretérito anterior*
rompí	hube roto
rompiste	hubiste roto
rompió	hubo roto
rompimos	hubimos roto
rompisteis	hubisteis roto
rompieron	hubieron roto
Futuro imperfecto	*Futuro perfecto*
romperé	habré roto
romperás	habrás roto
romperá	habrá roto
romperemos	habremos roto
romperéis	habréis roto
romperán	habrán roto
Condicional simple	*Condicional compuesto*
rompería	habría roto
romperías	habrías roto
rompería	habría roto
romperíamos	habríamos roto
romperíais	habríais roto
romperían	habrían roto

MODO SUBJUNTIVO

Tiempos simples:

Presente

rompa
rompas
rompa
rompamos
rompáis
rompan

Pretérito imperfecto

rompiese	*o*	-iera
rompieses	*o*	-ieras
rompiese	*o*	-iera
rompiésemos	*o*	-iéramos
rompieseis	*o*	-ierais
rompiesen	*o*	-ieran

Futuro imperfecto

rompiere
rompieres
rompiere
rompiéremos
rompiereis
rompieren

Tiempos compuestos:

Pretérito perfecto

haya	roto
hayas	roto
haya	roto
hayamos	roto
hayáis	roto
hayan	roto

Pretérito pluscuamperfecto

hubiese	*o*	-iera	roto
hubieses	*o*	-ieras	"
hubiese	*o*	-iera	"
hubiésemos	*o*	-iéramos	"
hubieseis	*o*	-ierais	"
hubiesen	*o*	-ieran	"

Futuro perfecto

hubiere	roto
hubieres	roto
hubiere	roto
hubiéremos	roto
hubiereis	roto
hubieren	roto

MODO IMPERATIVO

Presente

rompe
romped

Formas no personales

Simples:

Infinitivo: romper
Gerundio: rompiendo
Participio: roto

Compuestas:

Infinitivo: haber roto
Gerundio habiendo roto

MODO INDICATIVO

Tiempos simples:	Tiempos compuestos:
Presente	*Pretérito perfecto*
sé	he sabido
sabes	has sabido
sabe	ha sabido
sabemos	hemos sabido
sabéis	habéis sabido
saben	han sabido
Pretérito imperfecto	*Pretérito pluscuamperfecto*
sabía	había sabido
sabías	habías sabido
sabía	había sabido
sabíamos	habíamos sabido
sabíais	habíais sabido
sabían	habían sabido
Pretérito perfecto simple	*Pretérito anterior*
supe	hube sabido
supiste	hubiste sabido
supo	hubo sabido
supimos	hubimos sabido
supisteis	hubisteis sabido
supieron	hubieron sabido
Futuro imperfecto	*Futuro perfecto*
sabré	habré sabido
sabrás	habrás sabido
sabrá	habrá sabido
sabremos	habremos sabido
sabréis	habréis sabido
sabrán	habrán sabido
Condicional simple	*Condicional compuesto*
sabría	habría sabido
sabrías	habrías sabido
sabría	habría sabido
sabríamos	habríamos sabido
sabríais	habríais sabido
sabrían	habrían sabido

MODO SUBJUNTIVO

Tiempos simples:			Tiempos compuestos:			
Presente			*Pretérito perfecto*			
sepa			haya	sabido		
sepas			hayas	sabido		
sepa			haya	sabido		
sepamos			hayamos	sabido		
sepáis			hayáis	sabido		
sepan			hayan	sabido		
Pretérito imperfecto			*Pretérito pluscuamperfecto*			
supiese	*o*	-iera	hubiese	*o*	-iera	sabido
supieses	*o*	-ieras	hubieses	*o*	-ieras	"
supiese	*o*	-iera	hubiese	*o*	-iera	"
supiésemos	*o*	-iéramos	hubiésemos	*o*	-iéramos	"
supieseis	*o*	-ierais	hubieseis	*o*	-ierais	"
supiesen	*o*	-ieran	hubiesen	*o*	-ieran	"
Futuro imperfecto			*Futuro perfecto*			
supiere			hubiere	sabido		
supieres			hubieres	sabido		
supiere			hubiere	sabido		
supiéremos			hubiéremos	sabido		
supiereis			hubiereis	sabido		
supieren			hubieren	sabido		

MODO IMPERATIVO

Presente

sabe
sabed

Formas no personales

Simples:		Compuestas:		
Infinitivo:	saber	*Infinitivo:*	haber	sabido
Gerundio:	sabiendo	*Gerundio*	habiendo	sabido
Participio:	sabido			

MODO INDICATIVO

Tiempos simples:	Tiempos compuestos:
Presente	*Pretérito perfecto*
salgo	he salido
sales	has salido
sale	ha salido
salimos	hemos salido
salís	habéis salido
salen	han salido
Pretérito imperfecto	*Pretérito pluscuamperfecto*
salía	había salido
salías	habías salido
salía	había salido
salíamos	habíamos salido
salíais	habíais salido
salían	habían salido
Pretérito perfecto simple	*Pretérito anterior*
salí	hube salido
saliste	hubiste salido
salió	hubo salido
salimos	hubimos salido
salisteis	hubisteis salido
salieron	hubieron salido
Futuro imperfecto	*Futuro perfecto*
saldré	habré salido
saldrás	habrás salido
saldrá	habrá salido
saldremos	habremos salido
saldréis	habréis salido
saldrán	habrán salido
Condicional simple	*Condicional compuesto*
saldría	habría salido
saldrías	habrías salido
saldría	habría salido
saldríamos	habríamos salido
saldríais	habríais salido
saldrían	habrían salido

MODO SUBJUNTIVO

Tiempos simples:

Presente

salga
salgas
salga
salgamos
salgáis
salgan

Pretérito imperfecto

saliese	*o*	-iera
salieses	*o*	-ieras
saliese	*o*	-iera
saliésemos	*o*	-iéramos
salieseis	*o*	-ierais
saliesen	*o*	-ieran

Futuro imperfecto

saliere
salieres
saliere
saliéremos
saliereis
salieren

Tiempos compuestos:

Pretérito perfecto

haya	salido
hayas	salido
haya	salido
hayamos	salido
hayáis	salido
hayan	salido

Pretérito pluscuamperfecto

hubiese	*o*	-iera	salido
hubieses	*o*	-ieras	"
hubiese	*o*	-iera	"
hubiésemos	*o*	-iéramos	"
hubieseis	*o*	-ierais	"
hubiesen	*o*	-ieran	"

Futuro perfecto

hubiere	salido
hubieres	salido
hubiere	salido
hubiéremos	salido
hubiereis	salido
hubieren	salido

MODO IMPERATIVO

Presente

sal
salid

Formas no personales

Simples:

Infinitivo: salir
Gerundio: saliendo
Participio: salido

Compuestas:

Infinitivo: haber salido
Gerundio habiendo salido

MODO INDICATIVO

Tiempos simples:	Tiempos compuestos:
Presente	*Pretérito perfecto*
salpreso	he salpresado
salpresas	has salpresado
salpresa	ha salpresado
salpresamos	hemos salpresado
salpresáis	habéis salpresado
salpresan	han salpresado
Pretérito imperfecto	*Pretérito pluscuamperfecto*
salpresaba	había salpresado
salpresabas	habías salpresado
salpresaba	había salpresado
salpresábamos	habíamos salpresado
salpresabais	habíais salpresado
salpresaban	habían salpresado
Pretérito perfecto simple	*Pretérito anterior*
salpresé	hube salpresado
salpresaste	hubiste salpresado
salpresó	hubo salpresado
salpresamos	hubimos salpresado
salpresasteis	hubisteis salpresado
salpresaron	hubieron salpresado
Futuro imperfecto	*Futuro perfecto*
salpresaré	habré salpresado
salpresarás	habrás salpresado
salpresará	habrá salpresado
salpresaremos	habremos salpresado
salpresaréis	habréis salpresado
salpresarán	habrán salpresado
Condicional simple	*Condicional compuesto*
salpresaría	habría salpresado
salpresarías	habrías salpresado
salpresaría	habría salpresado
salpresaríamos	habríamos salpresado
salpresaríais	habríais salpresado
salpresarían	habrían salpresado

MODO SUBJUNTIVO

Tiempos simples:		Tiempos compuestos:	
Presente		*Pretérito perfecto*	
salprese		haya	salpresado
salpreses		hayas	salpresado
salprese		haya	salpresado
salpresemos		hayamos	salpresado
salpreséis		hayáis	salpresado
salpresen		hayan	salpresado
Pretérito imperfecto		*Pretérito pluscuamperfecto*	
salpresase	*o* -ara	hubiese *o* -iera	salpresado
salpresases	*o* -aras	hubieses *o* -ieras	"
salpresase	*o* -ara	hubiese *o* -iera	"
salpresásemos	*o* -áramos	hubiésemos *o* -iéramos	"
salpresaseis	*o* -arais	hubieseis *o* -ierais	"
salpresasen	*o* -aran	hubiesen *o* -ieran	"
Futuro imperfecto		*Futuro perfecto*	
salpresare		hubiere	salpresado
salpresares		hubieres	salpresado
salpresare		hubiere	salpresado
salpresáremos		hubiéremos	salpresado
salpresareis		hubiereis	salpresado
salpresaren		hubieren	salpresado

MODO IMPERATIVO

Presente

salpresa
salpresad

Formas no personales

Simples:		Compuestas:		
Infinitivo:	salpresar	*Infinitivo:*	haber	salpresado
Gerundio:	salpresando	*Gerundio*	habiendo	salpresado
Participio:	salpresado (o salpreso)			

MODO INDICATIVO

Tiempos simples:	Tiempos compuestos:
Presente	*Pretérito perfecto*
satisfago	he satisfecho
satisfaces	has satisfecho
satisface	ha satisfecho
satisfacemos	hemos satisfecho
satisfacéis	habéis satisfecho
satisfacen	han satisfecho
Pretérito imperfecto	*Pretérito pluscuamperfecto*
satisfacía	había satisfecho
satisfacías	habías satisfecho
satisfacía	había satisfecho
satisfacíamos	habíamos satisfecho
satisfacíais	habíais satisfecho
satisfacían	habían satisfecho
Pretérito perfecto simple	*Pretérito anterior*
satisfice	hube satisfecho
satisficiste	hubiste satisfecho
satisfizo	hubo satisfecho
satisficimos	hubimos satisfecho
satisficisteis	hubisteis satisfecho
satisficieron	hubieron satisfecho
Futuro imperfecto	*Futuro perfecto*
satisfaré	habré satisfecho
satisfarás	habrás satisfecho
satisfará	habrá satisfecho
satisfaremos	habremos satisfecho
satisfaréis	habréis satisfecho
satisfarán	habrán satisfecho
Condicional simple	*Condicional compuesto*
satisfaría	habría satisfecho
satisfarías	habrías satisfecho
satisfaría	habría satisfecho
satisfaríamos	habríamos satisfecho
satisfaríais	habríais satisfecho
satisfarían	habrían satisfecho

MODO SUBJUNTIVO

Tiempos simples:		**Tiempos compuestos:**	
Presente		*Pretérito perfecto*	
satisfaga		haya	satisfecho
satisfagas		hayas	satisfecho
satisfaga		haya	satisfecho
satisfagamos		hayamos	satisfecho
satisfagáis		hayáis	satisfecho
satisfagan		hayan	satisfecho
Pretérito imperfecto		*Pretérito pluscuamperfecto*	
satisficiese	*o* -iera	hubiese *o* -iera	satisfecho
satisficieses	*o* -ieras	hubieses *o* -ieras	"
satisficiese	*o* -iera	hubiese *o* -iera	"
satisficiésemos	*o* -iéramos	hubiésemos *o* -iéramos	"
satisficieseis	*o* -ierais	hubieseis *o* -ierais	"
satisficiesen	*o* -ieran	hubiesen *o* -ieran	"
Futuro imperfecto		*Futuro perfecto*	
satisficiere		hubiere	satisfecho
satisficieres		hubieres	satisfecho
satisficiere		hubiere	satisfecho
satisficiéremos		hubiéremos	satisfecho
satisficiereis		hubiereis	satisfecho
satisficieren		hubieren	satisfecho

MODO IMPERATIVO

Presente

satisface *o* satisfaz
satisfaced

Formas no personales

Simples:		**Compuestas:**		
Infinitivo:	satisfacer	*Infinitivo:*	haber	satisfecho
Gerundio:	satisfaciendo	*Gerundio*	habiendo	satisfecho
Participio:	satisfecho			

MODO INDICATIVO

Tiempos simples:	**Tiempos compuestos:**
Presente	*Pretérito perfecto*
siento	he sentido
sientes	has sentido
siente	ha sentido
sentimos	hemos sentido
sentís	habéis sentido
sienten	han sentido
Pretérito imperfecto	*Pretérito pluscuamperfecto*
sentía	había sentido
sentías	habías sentido
sentía	había sentido
sentíamos	habíamos sentido
sentíais	habíais sentido
sentían	habían sentido
Pretérito perfecto simple	*Pretérito anterior*
sentí	hube sentido
sentiste	hubiste sentido
sintió	hubo sentido
sentimos	hubimos sentido
sentisteis	hubisteis sentido
sintieron	hubieron sentido
Futuro imperfecto	*Futuro perfecto*
sentiré	habré sentido
sentirás	habrás sentido
sentirá	habrá sentido
sentiremos	habremos sentido
sentiréis	habréis sentido
sentirán	habrán sentido
Condicional simple	*Condicional compuesto*
sentiría	habría sentido
sentirías	habrías sentido
sentiría	habría sentido
sentiríamos	habríamos sentido
sentiríais	habríais sentido
sentirían	habrían sentido

MODO SUBJUNTIVO

Tiempos simples:

Presente

sienta
sientas
sienta
sintamos
sintáis
sientan

Pretérito imperfecto

sintiese	*o*	-iera
sintieses	*o*	-ieras
sintiese	*o*	-iera
sintiésemos	*o*	-iéramos
sintieseis	*o*	-ierais
sintiesen	*o*	-ieran

Futuro imperfecto

sintiere
sintieres
sintiere
sintiéremos
sintiereis
sintieren

Tiempos compuestos:

Pretérito perfecto

haya	sentido
hayas	sentido
haya	sentido
hayamos	sentido
hayáis	sentido
hayan	sentido

Pretérito pluscuamperfecto

hubiese	*o*	-iera	sentido
hubieses	*o*	-ieras	"
hubiese	*o*	-iera	"
hubiésemos	*o*	-iéramos	"
hubieseis	*o*	-ierais	"
hubiesen	*o*	-ieran	"

Futuro perfecto

hubiere	sentido
hubieres	sentido
hubiere	sentido
hubiéremos	sentido
hubiereis	sentido
hubieren	sentido

MODO IMPERATIVO

Presente

siente
sentid

Formas no personales

Simples:

Infinitivo: sentir
Gerundio: sintiendo
Participio: sentido

Compuestas:

Infinitivo: haber sentido
Gerundio habiendo sentido

MODO INDICATIVO

Tiempos simples:

Presente

sepulto
sepultas
sepulta
sepultamos
sepultáis
sepultan

Pretérito imperfecto

sepultaba
sepultabas
sepultaba
sepultábamos
sepultabais
sepultaban

Pretérito perfecto simple

sepulté
sepultaste
sepultó
sepultamos
sepultasteis
sepultaron

Futuro imperfecto

sepultaré
sepultarás
sepultará
sepultaremos
sepultaréis
sepultarán

Condicional simple

sepultaría
sepultarías
sepultaría
sepultaríamos
sepultaríais
sepultarían

Tiempos compuestos:

Pretérito perfecto

he sepultado
has sepultado
ha sepultado
hemos sepultado
habéis sepultado
han sepultado

Pretérito pluscuamperfecto

había sepultado
habías sepultado
había sepultado
habíamos sepultado
habíais sepultado
habían sepultado

Pretérito anterior

hube sepultado
hubiste sepultado
hubo sepultado
hubimos sepultado
hubisteis sepultado
hubieron sepultado

Futuro perfecto

habré sepultado
habrás sepultado
habrá sepultado
habremos sepultado
habréis sepultado
habrán sepultado

Condicional compuesto

habría sepultado
habrías sepultado
habría sepultado
habríamos sepultado
habríais sepultado
habrían sepultado

MODO SUBJUNTIVO

Tiempos simples:		Tiempos compuestos:	
Presente		*Pretérito perfecto*	
sepulte		haya	sepultado
sepultes		hayas	sepultado
sepulte		haya	sepultado
sepultemos		hayamos	sepultado
sepultéis		hayáis	sepultado
sepulten		hayan	sepultado
Pretérito imperfecto		*Pretérito pluscuamperfecto*	
sepultase	*o* -ara	hubiese *o* -iera	sepultado
sepultases	*o* -aras	hubieses *o* -ieras	"
sepultase	*o* -ara	hubiese *o* -iera	"
sepultásemos	*o* -áramos	hubiésemos *o* -iéramos	"
sepultaseis	*o* -arais	hubieseis *o* -ierais	"
sepultasen	*o* -aran	hubiesen *o* -ieran	"
Futuro imperfecto		*Futuro perfecto*	
sepultare		hubiere	sepultado
sepultares		hubieres	sepultado
sepultare		hubiere	sepultado
sepultáremos		hubiéremos	sepultado
sepultareis		hubiereis	sepultado
sepultaren		hubieren	sepultado

MODO IMPERATIVO

Presente

sepulta
sepultad

Formas no personales

Simples:		Compuestas:		
Infinitivo:	sepultar	*Infinitivo:*	haber	sepultado
Gerundio:	sepultando	*Gerundio*	habiendo	sepultado
Participio:	sepultado (o sepulto)			

MODO INDICATIVO

Tiempos simples:	Tiempos compuestos:
Presente	*Pretérito perfecto*
soy	he sido
eres	has sido
es	ha sido
somos	hemos sido
sois	habéis sido
son	han sido
Pretérito imperfecto	*Pretérito pluscuamperfecto*
era	había sido
eras	habías sido
era	había sido
éramos	habíamos sido
erais	habíais sido
eran	habían sido
Pretérito perfecto simple	*Pretérito anterior*
fui	hube sido
fuiste	hubiste sido
fue	hubo sido
fuimos	hubimos sido
fuisteis	hubisteis sido
fueron	hubieron sido
Futuro imperfecto	*Futuro perfecto*
seré	habré sido
serás	habrás sido
será	habrá sido
seremos	habremos sido
seréis	habréis sido
serán	habrán sido
Condicional simple	*Condicional compuesto*
sería	habría sido
serías	habrías sido
sería	habría sido
seríamos	habríamos sido
seríais	habríais sido
serían	habrían sido

MODO SUBJUNTIVO

Tiempos simples:

Presente

sea
seas
sea
seamos
seáis
sean

Pretérito imperfecto

fuese	*o*	-era
fueses	*o*	-eras
fuese	*o*	-era
fuésemos	*o*	-éramos
fueseis	*o*	-erais
fuesen	*o*	-eran

Futuro imperfecto

fuere
fueres
fuere
fuéremos
fuereis
fueren

Tiempos compuestos:

Pretérito perfecto

haya	sido
hayas	sido
haya	sido
hayamos	sido
hayáis	sido
hayan	sido

Pretérito pluscuamperfecto

hubiese	*o*	-iera	sido
hubieses	*o*	-ieras	"
hubiese	*o*	-iera	"
hubiésemos	*o*	-iéramos	"
hubieseis	*o*	-ierais	"
hubiesen	*o*	-ieran	"

Futuro perfecto

hubiere	sido
hubieres	sido
hubiere	sido
hubiéremos	sido
hubiereis	sido
hubieren	sido

MODO IMPERATIVO

Presente

sé
sed

Formas no personales

Simples:

Infinitivo: ser
Gerundio: siendo
Participio: sido

Compuestas:

Infinitivo: haber sido
Gerundio habiendo sido

MODO INDICATIVO

Tiempos simples:	Tiempos compuestos:
Presente	***Pretérito perfecto***
suelo	he solido
sueles	has solido
suele	ha solido
solemos	hemos solido
soléis	habéis solido
suelen	han solido
Pretérito imperfecto	***Pretérito pluscuamperfecto***
solía	
solías	
solía	(no tiene)
solíamos	
solíais	
solían	
Pretérito perfecto simple	***Pretérito anterior***
solí	
soliste	
solió	(no tiene)
solimos	
solisteis	
solieron	
Futuro imperfecto	***Futuro perfecto***
(no tiene)	(no tiene)
Condicional simple	***Condicional compuesto***
(no tiene)	(no tiene)

MODO SUBJUNTIVO

Tiempos simples:

Presente

suela
suelas
suela
solamos
soláis
suelan

Pretérito imperfecto

(no tiene)

Futuro imperfecto

(no tiene)

Tiempos compuestos:

Pretérito perfecto

(no tiene)

Pretérito pluscuamperfecto

(no tiene)

Futuro perfecto

(no tiene)

MODO IMPERATIVO

Presente

(no tiene)

Formas no personales

Simples:

Infinitivo: soler
Gerundio: soliendo
Participio: solido

Compuestas:

Infinitivo: haber solido
Gerundio habiendo solido

MODO INDICATIVO

Tiempos simples:

Presente

suelto
sueltas
suelta
soltamos
soltáis
sueltan

Pretérito imperfecto

soltaba
soltabas
soltaba
soltábamos
soltabais
soltaban

Pretérito perfecto simple

solté
soltaste
soltó
soltamos
soltasteis
soltaron

Futuro imperfecto

soltaré
soltarás
soltará
soltaremos
soltaréis
soltarán

Condicional simple

soltaría
soltarías
soltaría
soltaríamos
soltaríais
soltarían

Tiempos compuestos:

Pretérito perfecto

he soltado
has soltado
ha soltado
hemos soltado
habéis soltado
han soltado

Pretérito pluscuamperfecto

había soltado
habías soltado
había soltado
habíamos soltado
habíais soltado
habían soltado

Pretérito anterior

hube soltado
hubiste soltado
hubo soltado
hubimos soltado
hubisteis soltado
hubieron soltado

Futuro perfecto

habré soltado
habrás soltado
habrá soltado
habremos soltado
habréis soltado
habrán soltado

Condicional compuesto

habría soltado
habrías soltado
habría soltado
habríamos soltado
habríais soltado
habrían soltado

MODO SUBJUNTIVO

Tiempos simples:	Tiempos compuestos:
Presente	*Pretérito perfecto*
suelte	haya soltado
sueltes	hayas soltado
suelte	haya soltado
soltemos	hayamos soltado
soltéis	hayáis soltado
suelten	hayan soltado
Pretérito imperfecto	*Pretérito pluscuamperfecto*
soltase *o* -ara	hubiese *o* -iera soltado
soltases *o* -aras	hubieses *o* -ieras "
soltase *o* -ara	hubiese *o* -iera "
soltásemos *o* -áramos	hubiésemos *o* -iéramos "
soltaseis *o* -arais	hubieseis *o* -ierais "
soltasen *o* -aran	hubiesen *o* -ieran "
Futuro imperfecto	*Futuro perfecto*
soltare	hubiere soltado
soltares	hubieres soltado
soltare	hubiere soltado
soltáremos	hubiéremos soltado
soltareis	hubiereis soltado
soltaren	hubieren soltado

MODO IMPERATIVO

Presente

suelta
soltad

Formas no personales

Simples:		Compuestas:		
Infinitivo:	soltar	*Infinitivo:*	haber	soltado
Gerundio:	soltando	*Gerundio*	habiendo	soltado
Participio:	soltado (o suelto)			

MODO INDICATIVO

Tiempos simples:

Presente

sujeto
sujetas
sujeta
sujetamos
sujetáis
sujetan

Pretérito imperfecto

sujetaba
sujetabas
sujetaba
sujetábamos
sujetabais
sujetaban

Pretérito perfecto simple

sujeté
sujetaste
sujetó
sujetamos
sujetasteis
sujetaron

Futuro imperfecto

sujetaré
sujetarás
sujetará
sujetaremos
sujetaréis
sujetarán

Condicional simple

sujetaría
sujetarías
sujetaría
sujetaríamos
sujetaríais
sujetarían

Tiempos compuestos:

Pretérito perfecto

he sujetado
has sujetado
ha sujetado
hemos sujetado
habéis sujetado
han sujetado

Pretérito pluscuamperfecto

había sujetado
habías sujetado
había sujetado
habíamos sujetado
habíais sujetado
habían sujetado

Pretérito anterior

hube sujetado
hubiste sujetado
hubo sujetado
hubimos sujetado
hubisteis sujetado
hubieron sujetado

Futuro perfecto

habré sujetado
habrás sujetado
habrá sujetado
habremos sujetado
habréis sujetado
habrán sujetado

Condicional compuesto

habría sujetado
habrías sujetado
habría sujetado
habríamos sujetado
habríais sujetado
habrían sujetado

MODO SUBJUNTIVO

Tiempos simples:

Presente

sujete
sujetes
sujete
sujetemos
sujetéis
sujeten

Pretérito imperfecto

sujetase	*o*	-ara
sujetases	*o*	-aras
sujetase	*o*	-ara
sujetásemos	*o*	-áramos
sujetaseis	*o*	-arais
sujetasen	*o*	-aran

Futuro imperfecto

sujetare
sujetares
sujetare
sujetáremos
sujetareis
sujetaren

Tiempos compuestos:

Pretérito perfecto

haya	sujetado
hayas	sujetado
haya	sujetado
hayamos	sujetado
hayáis	sujetado
hayan	sujetado

Pretérito pluscuamperfecto

hubiese	*o*	-iera	sujetado
hubieses	*o*	-ieras	"
hubiese	*o*	-iera	"
hubiésemos	*o*	-iéramos	"
hubieseis	*o*	-ierais	"
hubiesen	*o*	-ieran	"

Futuro perfecto

hubiere	sujetado
hubieres	sujetado
hubiere	sujetado
hubiéremos	sujetado
hubiereis	sujetado
hubieren	sujetado

MODO IMPERATIVO

Presente

sujeta
sujetad

Formas no personales

Simples:

Infinitivo: sujetar
Gerundio: sujetando
Participio: sujetado (o sujeto)

Compuestas:

Infinitivo: haber sujetado
Gerundio habiendo sujetado

Formas personales

MODO INDICATIVO

Tiempos simples:

Presente

suspendo
suspendes
suspende
suspendemos
suspendéis
suspenden

Pretérito imperfecto

suspendía
suspendías
suspendía
suspendíamos
suspendíais
suspendían

Pretérito perfecto simple

suspendí
suspendiste
suspendió
suspendimos
suspendisteis
suspendieron

Futuro imperfecto

suspenderé
suspenderás
suspenderá
suspenderemos
suspenderéis
suspenderán

Condicional simple

suspendería
suspenderías
suspendería
suspenderíamos
suspenderíais
suspenderían

Tiempos compuestos:

Pretérito perfecto

he suspendido
has suspendido
ha suspendido
hemos suspendido
habéis suspendido
han suspendido

Pretérito pluscuamperfecto

había suspendido
habías suspendido
había suspendido
habíamos suspendido
habíais suspendido
habían suspendido

Pretérito anterior

hube suspendido
hubiste suspendido
hubo suspendido
hubimos suspendido
hubisteis suspendido
hubieron suspendido

Futuro perfecto

habré suspendido
habrás suspendido
habrá suspendido
habremos suspendido
habréis suspendido
habrán suspendido

Condicional compuesto

habría suspendido
habrías suspendido
habría suspendido
habríamos suspendido
habríais suspendido
habrían suspendido

MODO SUBJUNTIVO

Tiempos simples:

Presente

suspenda
suspendas
suspenda
suspendamos
suspendáis
suspendan

Pretérito imperfecto

suspendiese	*o*	-iera
suspendieses	*o*	-ieras
suspendiese	*o*	-iera
suspendiésemos	*o*	-iéramos
suspendieseis	*o*	-ierais
suspendiesen	*o*	-ieran

Futuro imperfecto

suspendiere
suspendieres
suspendiere
suspendiéremos
suspendiereis
suspendieren

Tiempos compuestos:

Pretérito perfecto

haya	suspendido
hayas	suspendido
haya	suspendido
hayamos	suspendido
hayáis	suspendido
hayan	suspendido

Pretérito pluscuamperfecto

hubiese	*o*	-iera	suspendido
hubieses	*o*	-ieras	"
hubiese	*o*	-iera	"
hubiésemos	*o*	-iéramos	"
hubieseis	*o*	-ierais	"
hubiesen	*o*	-ieran	"

Futuro perfecto

hubiere	suspendido
hubieres	suspendido
hubiere	suspendido
hubiéremos	suspendido
hubiereis	suspendido
hubieren	suspendido

MODO IMPERATIVO

Presente

suspende
suspended

Formas no personales

Simples:

Infinitivo: suspender
Gerundio: suspendiendo
Participio: suspendido (o suspenso)

Compuestas:

Infinitivo: haber suspendido
Gerundio habiendo suspendido

MODO INDICATIVO

Tiempos simples:

Presente
sustituyo
sustituyes
sustituye
sustituimos
sustituís
sustituyen

Pretérito imperfecto
sustituía
sustituías
sustituía
sustituíamos
sustituíais
sustituían

Pretérito perfecto simple
sustituí
sustituiste
sustituyó
sustituimos
sustituisteis
sustituyeron

Futuro imperfecto
sustituiré
sustituirás
sustituirá
sustituiremos
sustituiréis
sustituirán

Condicional simple
sustituiría
sustituirías
sustituiría
sustituiríamos
sustituiríais
sustituirían

Tiempos compuestos:

Pretérito perfecto
he sustituido
has sustituido
ha sustituido
hemos sustituido
habéis sustituido
han sustituido

Pretérito pluscuamperfecto
había sustituido
habías sustituido
había sustituido
habíamos sustituido
habíais sustituido
habían sustituido

Pretérito anterior
hube sustituido
hubiste sustituido
hubo sustituido
hubimos sustituido
hubisteis sustituido
hubieron sustituido

Futuro perfecto
habré sustituido
habrás sustituido
habrá sustituido
habremos sustituido
habréis sustituido
habrán sustituido

Condicional compuesto
habría sustituido
habrías sustituido
habría sustituido
habríamos sustituido
habríais sustituido
habrían sustituido

MODO SUBJUNTIVO

Tiempos simples:

Presente

sustituya
sustituyas
sustituya
sustituyamos
sustituyáis
sustituyan

Pretérito imperfecto

sustituyese	*o*	-yera
sustituyeses	*o*	-yeras
sustituyese	*o*	-yera
sustituyésemos	*o*	-yéramos
sustituyeseis	*o*	-yerais
sustituyesen	*o*	-yeran

Futuro imperfecto

sustituyere
sustituyeres
sustituyere
sustituyéremos
sustituyereis
sustituyeren

Tiempos compuestos:

Pretérito perfecto

haya	sustituido
hayas	sustituido
haya	sustituido
hayamos	sustituido
hayáis	sustituido
hayan	sustituido

Pretérito pluscuamperfecto

hubiese	*o*	-iera	sustituido
hubieses	*o*	-ieras	"
hubiese	*o*	-iera	"
hubiésemos	*o*	-iéramos	"
hubieseis	*o*	-ierais	"
hubiesen	*o*	-ieran	"

Futuro perfecto

hubiere	sustituido
hubieres	sustituido
hubiere	sustituido
hubiéremos	sustituido
hubiereis	sustituido
hubieren	sustituido

MODO IMPERATIVO

Presente

sustituye
sustituid

Formas no personales

Simples:

Infinitivo: sustituir
Gerundio: sustituyendo
Participio: sustituido (o sustituto)

Compuestas:

Infinitivo: haber sustituido
Gerundio habiendo sustituido

MODO INDICATIVO

Tiempos simples:

Presente

taño
tañes
tañe
tañemos
tañéis
tañen

Pretérito imperfecto

tañía
tañías
tañía
tañíamos
tañíais
tañían

Pretérito perfecto simple

tañí
tañiste
tañó
tañimos
tañisteis
tañeron

Futuro imperfecto

tañeré
tañerás
tañerá
tañeremos
tañeréis
tañerán

Condicional simple

tañería
tañerías
tañería
tañeríamos
tañeríais
tañerían

Tiempos compuestos:

Pretérito perfecto

he tañido
has tañido
ha tañido
hemos tañido
habéis tañido
han tañido

Pretérito pluscuamperfecto

había tañido
habías tañido
había tañido
habíamos tañido
habíais tañido
habían tañido

Pretérito anterior

hube tañido
hubiste tañido
hubo tañido
hubimos tañido
hubisteis tañido
hubieron tañido

Futuro perfecto

habré tañido
habrás tañido
habrá tañido
habremos tañido
habréis tañido
habrán tañido

Condicional compuesto

habría tañido
habrías tañido
habría tañido
habríamos tañido
habríais tañido
habrían tañido

MODO SUBJUNTIVO

Tiempos simples:

Presente

taña
tañas
taña
tañamos
tañáis
tañan

Pretérito imperfecto

tañese	*o*	-era
tañeses	*o*	-eras
tañese	*o*	-era
tañésemos	*o*	-éramos
tañeseis	*o*	-erais
tañesen	*o*	-eran

Futuro imperfecto

tañere
tañeres
tañere
tañéremos
tañereis
tañeren

Tiempos compuestos:

Pretérito perfecto

haya	tañido
hayas	tañido
haya	tañido
hayamos	tañido
hayáis	tañido
hayan	tañido

Pretérito pluscuamperfecto

hubiese	*o*	-iera	tañido
hubieses	*o*	-ieras	"
hubiese	*o*	-iera	"
hubiésemos	*o*	-iéramos	"
hubieseis	*o*	-ierais	"
hubiesen	*o*	-ieran	"

Futuro perfecto

hubiere	tañido
hubieres	tañido
hubiere	tañido
hubiéremos	tañido
hubiereis	tañido
hubieren	tañido

MODO IMPERATIVO

Presente

tañe
tañed

Formas no personales

Simples:

Infinitivo: tañer
Gerundio: tañendo
Participio: tañido

Compuestas:

Infinitivo: haber tañido
Gerundio habiendo tañido

MODO INDICATIVO

Tiempos simples:

Presente

tejo
tejes
teje
tejemos
tejéis
tejen

Pretérito imperfecto

tejía
tejías
tejía
tejíamos
tejíais
tejían

Pretérito perfecto simple

tejí
tejiste
tejió
tejimos
tejisteis
tejieron

Futuro imperfecto

tejeré
tejerás
tejerá
tejeremos
tejeréis
tejerán

Condicional simple

tejería
tejerías
tejería
tejeríamos
tejeríais
tejerían

Tiempos compuestos:

Pretérito perfecto

he tejido
has tejido
ha tejido
hemos tejido
habéis tejido
han tejido

Pretérito pluscuamperfecto

había tejido
habías tejido
había tejido
habíamos tejido
habíais tejido
habían tejido

Pretérito anterior

hube tejido
hubiste tejido
hubo tejido
hubimos tejido
hubisteis tejido
hubieron tejido

Futuro perfecto

habré tejido
habrás tejido
habrá tejido
habremos tejido
habréis tejido
habrán tejido

Condicional compuesto

habría tejido
habrías tejido
habría tejido
habríamos tejido
habríais tejido
habrían tejido

MODO SUBJUNTIVO

Tiempos simples:

Presente

teja
tejas
teja
tejamos
tejáis
tejan

Pretérito imperfecto

tejiese	o	-iera
tejieses	o	-ieras
tejiese	o	-iera
tejiésemos	o	-iéramos
tejieseis	o	-ierais
tejiesen	o	-ieran

Futuro imperfecto

tejiere
tejieres
tejiere
tejiéremos
tejiereis
tejieren

Tiempos compuestos:

Pretérito perfecto

haya	tejido
hayas	tejido
haya	tejido
hayamos	tejido
hayáis	tejido
hayan	tejido

Pretérito pluscuamperfecto

hubiese	o	-iera	tejido
hubieses	o	-ieras	"
hubiese	o	-iera	"
hubiésemos	o	-iéramos	"
hubieseis	o	-ierais	"
hubiesen	o	-ieran	"

Futuro perfecto

hubiere	tejido
hubieres	tejido
hubiere	tejido
hubiéremos	tejido
hubiereis	tejido
hubieren	tejido

MODO IMPERATIVO

Presente

teje
tejed

Formas no personales

Simples:

Infinitivo: tejer
Gerundio: tejiendo
Participio: tejido

Compuestas:

Infinitivo: haber tejido
Gerundio habiendo tejido

MODO INDICATIVO

Tiempos simples:

Presente

tem**o**
tem**es**
tem**e**
tem**emos**
tem**éis**
tem**en**

Pretérito imperfecto

tem**ía**
tem**ías**
tem**ía**
tem**íamos**
tem**íais**
tem**ían**

Pretérito perfecto simple

tem**í**
tem**iste**
tem**ió**
tem**imos**
tem**isteis**
tem**ieron**

Futuro imperfecto

tem**eré**
tem**erás**
tem**erá**
tem**eremos**
tem**eréis**
tem**erán**

Condicional simple

tem**ería**
tem**erías**
tem**ería**
tem**eríamos**
tem**eríais**
tem**erían**

Tiempos compuestos:

Pretérito perfecto

he temido
has temido
ha temido
hemos temido
habéis temido
han temido

Pretérito pluscuamperfecto

había temido
habías temido
había temido
habíamos temido
habíais temido
habían temido

Pretérito anterior

hube temido
hubiste temido
hubo temido
hubimos temido
hubisteis temido
hubieron temido

Futuro perfecto

habré temido
habrás temido
habrá temido
habremos temido
habréis temido
habrán temido

Condicional compuesto

habría temido
habrías temido
habría temido
habríamos temido
habríais temido
habrían temido

MODO SUBJUNTIVO

Tiempos simples:	Tiempos compuestos:
Presente	*Pretérito perfecto*
tem**a**	haya temido
tem**as**	hayas temido
tem**a**	haya temido
tem**amos**	hayamos temido
tem**áis**	hayáis temido
tem**an**	hayan temido
Pretérito imperfecto	*Pretérito pluscuamperfecto*
tem**iese** *o* **-iera**	hubiese *o* -iera temido
tem**ieses** *o* **-ieras**	hubieses *o* -ieras "
tem**iese** *o* **-iera**	hubiese *o* -iera "
tem**iésemos** *o* **-iéramos**	hubiésemos *o* -iéramos "
tem**ieseis** *o* **-ierais**	hubieseis *o* -ierais "
tem**iesen** *o* **-ieran**	hubiesen *o* -ieran "
Futuro imperfecto	*Futuro perfecto*
tem**iere**	hubiere temido
tem**ieres**	hubieres temido
tem**iere**	hubiere temido
tem**iéremos**	hubiéremos temido
tem**iereis**	hubiereis temido
tem**ieren**	hubieren temido

MODO IMPERATIVO

Presente

tem**e**
tem**ed**

Formas no personales

Simples:		Compuestas:		
Infinitivo:	tem**er**	*Infinitivo:*	haber	temido
Gerundio:	tem**iendo**	*Gerundio*	habiendo	temido
Participio:	tem**ido**			

MODO INDICATIVO

Tiempos simples:

Presente

tengo
tienes
tiene
tenemos
tenéis
tienen

Pretérito imperfecto

tenía
tenías
tenía
teníamos
teníais
tenían

Pretérito perfecto simple

tuve
tuviste
tuvo
tuvimos
tuvisteis
tuvieron

Futuro imperfecto

tendré
tendrás
tendrá
tendremos
tendréis
tendrán

Condicional simple

tendría
tendrías
tendría
tendríamos
tendríais
tendrían

Tiempos compuestos:

Pretérito perfecto

he tenido
has tenido
ha tenido
hemos tenido
habéis tenido
han tenido

Pretérito pluscuamperfecto

había tenido
habías tenido
había tenido
habíamos tenido
habíais tenido
habían tenido

Pretérito anterior

hube tenido
hubiste tenido
hubo tenido
hubimos tenido
hubisteis tenido
hubieron tenido

Futuro perfecto

habré tenido
habrás tenido
habrá tenido
habremos tenido
habréis tenido
habrán tenido

Condicional compuesto

habría tenido
habrías tenido
habría tenido
habríamos tenido
habríais tenido
habrían tenido

MODO SUBJUNTIVO

Tiempos simples:			Tiempos compuestos:			
Presente			*Pretérito perfecto*			
tenga			haya	tenido		
tengas			hayas	tenido		
tenga			haya	tenido		
tengamos			hayamos	tenido		
tengáis			hayáis	tenido		
tengan			hayan	tenido		
Pretérito imperfecto			*Pretérito pluscuamperfecto*			
tuviese	*o*	-iera	hubiese	*o*	-iera	tenido
tuvieses	*o*	-ieras	hubieses	*o*	-ieras	"
tuviese	*o*	-iera	hubiese	*o*	-iera	"
tuviésemos	*o*	-iéramos	hubiésemos	*o*	-iéramos	"
tuvieseis	*o*	-ierais	hubieseis	*o*	-ierais	"
tuviesen	*o*	-ieran	hubiesen	*o*	-ieran	"
Futuro imperfecto			*Futuro perfecto*			
tuviere			hubiere	tenido		
tuvieres			hubieres	tenido		
tuviere			hubiere	tenido		
tuviéremos			hubiéremos	tenido		
tuviereis			hubiereis	tenido		
tuvieren			hubieren	tenido		

MODO IMPERATIVO

Presente

ten
tened

Formas no personales

Simples:		Compuestas:		
Infinitivo:	tener	*Infinitivo:*	haber	tenido
Gerundio:	teniendo	*Gerundio*	habiendo	tenido
Participio:	tenido			

MODO INDICATIVO

Tiempos simples:

Presente

tiño
tiñes
tiñe
teñimos
teñís
tiñen

Pretérito imperfecto

teñía
teñías
teñía
teñíamos
teñíais
teñían

Pretérito perfecto simple

teñí
teñiste
tiñó
teñimos
teñisteis
tiñeron

Futuro imperfecto

teñiré
teñirás
teñirá
teñiremos
teñiréis
teñirán

Condicional simple

teñiría
teñirías
teñiría
teñiríamos
teñiríais
teñirían

Tiempos compuestos:

Pretérito perfecto

he teñido
has teñido
ha teñido
hemos teñido
habéis teñido
han teñido

Pretérito pluscuamperfecto

había teñido
habías teñido
había teñido
habíamos teñido
habíais teñido
habían teñido

Pretérito anterior

hube teñido
hubiste teñido
hubo teñido
hubimos teñido
hubisteis teñido
hubieron teñido

Futuro perfecto

habré teñido
habrás teñido
habrá teñido
habremos teñido
habréis teñido
habrán teñido

Condicional compuesto

habría teñido
habrías teñido
habría teñido
habríamos teñido
habríais teñido
habrían teñido

MODO SUBJUNTIVO

Tiempos simples:

Presente

tiña
tiñas
tiña
tiñamos
tiñáis
tiñan

Pretérito imperfecto

tiñese	*o*	-era
tiñeses	*o*	-eras
tiñese	*o*	-era
tiñésemos	*o*	-éramos
tiñeseis	*o*	-erais
tiñesen	*o*	-eran

Futuro imperfecto

tiñere
tiñeres
tiñere
tiñéremos
tiñereis
tiñeren

Tiempos compuestos:

Pretérito perfecto

haya	teñido
hayas	teñido
haya	teñido
hayamos	teñido
hayáis	teñido
hayan	teñido

Pretérito pluscuamperfecto

hubiese	*o*	-iera	teñido
hubieses	*o*	-ieras	"
hubiese	*o*	-iera	"
hubiésemos	*o*	-iéramos	"
hubieseis	*o*	-ierais	"
hubiesen	*o*	-ieran	"

Futuro perfecto

hubiere	teñido
hubieres	teñido
hubiere	teñido
hubiéremos	teñido
hubiereis	teñido
hubieren	teñido

MODO IMPERATIVO

Presente

tiñe
teñid

Formas no personales

Simples:

Infinitivo: teñir
Gerundio: tiñendo
Participio: teñido (o tinto)

Compuestas:

Infinitivo: haber teñido
Gerundio habiendo teñido

MODO INDICATIVO

Tiempos simples:	Tiempos compuestos:
Presente	*Pretérito perfecto*
tuerzo	he torcido
tuerces	has torcido
tuerce	ha torcido
torcemos	hemos torcido
torcéis	habéis torcido
tuercen	han torcido
Pretérito imperfecto	*Pretérito pluscuamperfecto*
torcía	había torcido
torcías	habías torcido
torcía	había torcido
torcíamos	habíamos torcido
torcíais	habíais torcido
torcían	habían torcido
Pretérito perfecto simple	*Pretérito anterior*
torcí	hube torcido
torciste	hubiste torcido
torció	hubo torcido
torcimos	hubimos torcido
torcisteis	hubisteis torcido
torcieron	hubieron torcido
Futuro imperfecto	*Futuro perfecto*
torceré	habré torcido
torcerás	habrás torcido
torcerá	habrá torcido
torceremos	habremos torcido
torceréis	habréis torcido
torcerán	habrán torcido
Condicional simple	*Condicional compuesto*
torcería	habría torcido
torcerías	habrías torcido
torcería	habría torcido
torceríamos	habríamos torcido
torceríais	habríais torcido
torcerían	habrían torcido

MODO SUBJUNTIVO

Tiempos simples:

Presente

tuerza
tuerzas
tuerza
torzamos
torzáis
tuerzan

Pretérito imperfecto

torciese	*o*	-iera
torcieses	*o*	-ieras
torciese	*o*	-iera
torciésemos	*o*	-iéramos
torcieseis	*o*	-ierais
torciesen	*o*	-ieran

Futuro imperfecto

torciere
torcieres
torciere
torciéremos
torciereis
torcieren

Tiempos compuestos:

Pretérito perfecto

haya	torcido
hayas	torcido
haya	torcido
hayamos	torcido
hayáis	torcido
hayan	torcido

Pretérito pluscuamperfecto

hubiese	*o*	-iera	torcido
hubieses	*o*	-ieras	"
hubiese	*o*	-iera	"
hubiésemos	*o*	-iéramos	"
hubieseis	*o*	-ierais	"
hubiesen	*o*	-ieran	"

Futuro perfecto

hubiere	torcido
hubieres	torcido
hubiere	torcido
hubiéremos	torcido
hubiereis	torcido
hubieren	torcido

MODO IMPERATIVO

Presente

tuerce
torced

Formas no personales

Simples:

Infinitivo: torcer
Gerundio: torciendo
Participio: torcido (o tuerto)

Compuestas:

Infinitivo: haber torcido
Gerundio habiendo torcido

MODO INDICATIVO

Tiempos simples:

Presente

trabajo
trabajas
trabaja
trabajamos
trabajáis
trabajan

Pretérito imperfecto

trabajaba
trabajabas
trabajaba
trabajábamos
trabajabais
trabajaban

Pretérito perfecto simple

trabajé
trabajaste
trabajó
trabajamos
trabajasteis
trabajaron

Futuro imperfecto

trabajaré
trabajarás
trabajará
trabajaremos
trabajaréis
trabajarán

Condicional simple

trabajaría
trabajarías
trabajaria
trabajaríamos
trabajaríais
trabajarían

Tiempos compuestos:

Pretérito perfecto

he trabajado
has trabajado
ha trabajado
hemos trabajado
habéis trabajado
han trabajado

Pretérito pluscuamperfecto

había trabajado
habías trabajado
había trabajado
habíamos trabajado
habíais trabajado
habían trabajado

Pretérito anterior

hube trabajado
hubiste trabajado
hubo trabajado
hubimos trabajado
hubisteis trabajado
hubieron trabajado

Futuro perfecto

habré trabajado
habrás trabajado
habrá trabajado
habremos trabajado
habréis trabajado
habrán trabajado

Condicional compuesto

habría trabajado
habrías trabajado
habría trabajado
habríamos trabajado
habríais trabajado
habrían trabajado

MODO SUBJUNTIVO

Tiempos simples:		Tiempos compuestos:	
Presente		*Pretérito perfecto*	
trabaje		haya	trabajado
trabajes		hayas	trabajado
trabaje		haya	trabajado
trabajemos		hayamos	trabajado
trabajéis		hayáis	trabajado
trabajen		hayan	trabajado
Pretérito imperfecto		*Pretérito pluscuamperfecto*	
trabajase	*o* -ara	hubiese o -iera	trabajado
trabajases	*o* -aras	hubieses o -ieras	"
trabajase	*o* -ara	hubiese o -iera	"
trabajásemos	*o* -áramos	hubiésemos o -iéramos	"
trabajaseis	*o* -arais	hubieseis o -ierais	"
trabajasen	*o* -aran	hubiesen o -ieran	"
Futuro imperfecto		*Futuro perfecto*	
trabajare		hubiere	trabajado
trabajares		hubieres	trabajado
trabajare		hubiere	trabajado
trabajáremos		hubiéremos	trabajado
trabajareis		hubiereis	trabajado
trabajaren		hubieren	trabajado

MODO IMPERATIVO

Presente

trabaja
trabajad

Formas no personales

Simples:		Compuestas:		
Infinitivo:	trabajar	*Infinitivo:*	haber	trabajado
Gerundio:	trabajando	*Gerundio*	habiendo	trabajado
Participio:	trabajado			

MODO INDICATIVO

Tiempos simples:

Presente

traigo
traes
trae
traemos
traéis
traen

Pretérito imperfecto

traía
traías
traía
traíamos
traíais
traían

Pretérito perfecto simple

traje
trajiste
trajo
trajimos
trajisteis
trajeron

Futuro imperfecto

traeré
traerás
traerá
traeremos
traeréis
traerán

Condicional simple

traería
traerías
traería
traeríamos
traeríais
traerían

Tiempos compuestos:

Pretérito perfecto

he traído
has traído
ha traído
hemos traído
habéis traído
han traído

Pretérito pluscuamperfecto

había traído
habías traído
había traído
habíamos traído
habíais traído
habían traído

Pretérito anterior

hube traído
hubiste traído
hubo traído
hubimos traído
hubisteis traído
hubieron traído

Futuro perfecto

habré traído
habrás traído
habrá traído
habremos traído
habréis traído
habrán traído

Condicional compuesto

habría traído
habrías traído
habría traído
habríamos traído
habríais traído
habrían traído

MODO SUBJUNTIVO

Tiempos simples:

Presente

traiga
traigas
traiga
traigamos
traigáis
traigan

Pretérito imperfecto

trajese	*o*	-jera
trajeses	*o*	-jeras
trajese	*o*	-jera
trajésemos	*o*	-jéramos
trajeseis	*o*	-jerais
trajesen	*o*	-jeran

Futuro imperfecto

trajere
trajeres
trajere
trajéremos
trajereis
trajeren

Tiempos compuestos:

Pretérito perfecto

haya	traído
hayas	traído
haya	traído
hayamos	traído
hayáis	traído
hayan	traído

Pretérito pluscuamperfecto

hubiese	*o*	-iera	traído
hubieses	*o*	-ieras	"
hubiese	*o*	-iera	"
hubiésemos	*o*	-iéramos	"
hubieseis	*o*	-ierais	"
hubiesen	*o*	-ieran	"

Futuro perfecto

hubiere	traído
hubieres	traído
hubiere	traído
hubiéremos	traído
hubiereis	traído
hubieren	traído

MODO IMPERATIVO

Presente

trae
traed

Formas no personales

Simples:

Infinitivo: traer
Gerundio: trayendo
Participio: traído

Compuestas:

Infinitivo: haber traído
Gerundio habiendo traído

(carece de cuadro flexivo)

Formas no personales

Simples:		**Compuestas:**		
Infinitivo:	usucapir	*Infinitivo:*	haber	usucapido
Gerundio:	usucapiendo	*Gerundio*	habiendo	usucapido
Participio:	usucapido			

MODO INDICATIVO

Tiempos simples:	Tiempos compuestos:	
Presente	*Pretérito perfecto*	
valgo	he	valido
vales	has	valido
vale	ha	valido
valemos	hemos	valido
valéis	habéis	valido
valen	han	valido
Pretérito imperfecto	*Pretérito pluscuamperfecto*	
valía	había	valido
valías	habías	valido
valía	había	valido
valíamos	habíamos	valido
valíais	habíais	valido
valían	habían	valido
Pretérito perfecto simple	*Pretérito anterior*	
valí	hube	valido
valiste	hubiste	valido
valió	hubo	valido
valimos	hubimos	valido
valisteis	hubisteis	valido
valieron	hubieron	valido
Futuro imperfecto	*Futuro perfecto*	
valdré	habré	valido
valdrás	habrás	valido
valdrá	habrá	valido
valdremos	habremos	valido
valdréis	habréis	valido
valdrán	habrán	valido
Condicional simple	*Condicional compuesto*	
valdría	habría	valido
valdrías	habrías	valido
valdría	habría	valido
valdríamos	habríamos	valido
valdríais	habríais	valido
valdrían	habrían	valido

MODO SUBJUNTIVO

Tiempos simples:

Presente

valga
valgas
valga
valgamos
valgáis
valgan

Pretérito imperfecto

valiese	*o*	-iera
valieses	*o*	-ieras
valiese	*o*	-iera
valiésemos	*o*	-iéramos
valieseis	*o*	-ierais
valiesen	*o*	-ieran

Futuro imperfecto

valiere
valieres
valiere
valiéremos
valiereis
valieren

Tiempos compuestos:

Pretérito perfecto

haya	valido
hayas	valido
haya	valido
hayamos	valido
hayáis	valido
hayan	valido

Pretérito pluscuamperfecto

hubiese	*o*	-iera	valido
hubieses	*o*	-ieras	"
hubiese	*o*	-iera	"
hubiésemos	*o*	-iéramos	"
hubieseis	*o*	-ierais	"
hubiesen	*o*	-ieran	"

Futuro perfecto

hubiere	valido
hubieres	valido
hubiere	valido
hubiéremos	valido
hubiereis	valido
hubieren	valido

MODO IMPERATIVO

Presente

vale
valed

Formas no personales

Simples:

Infinitivo: valer
Gerundio: valiendo
Participio: valido

Compuestas:

Infinitivo: haber valido
Gerundio habiendo valido

MODO INDICATIVO

Tiempos simples:	**Tiempos compuestos:**	
Presente	***Pretérito perfecto***	
vengo	he	venido
vienes	has	venido
viene	ha	venido
venimos	hemos	venido
venís	habéis	venido
vienen	han	venido
Pretérito imperfecto	***Pretérito pluscuamperfecto***	
venía	había	venido
venías	habías	venido
venía	había	venido
veníamos	habíamos	venido
veníais	habíais	venido
venían	habían	venido
Pretérito perfecto simple	***Pretérito anterior***	
vine	hube	venido
viniste	hubiste	venido
vino	hubo	venido
vinimos	hubimos	venido
vinisteis	hubisteis	venido
vinieron	hubieron	venido
Futuro imperfecto	***Futuro perfecto***	
vendré	habré	venido
vendrás	habrás	venido
vendrá	habrá	venido
vendremos	habremos	venido
vendréis	habréis	venido
vendrán	habrán	venido
Condicional simple	***Condicional compuesto***	
vendría	habría	venido
vendrías	habrías	venido
vendría	habría	venido
vendríamos	habríamos	venido
vendríais	habríais	venido
vendrían	habrían	venido

MODO SUBJUNTIVO

Tiempos simples:	Tiempos compuestos:
Presente	*Pretérito perfecto*
venga	haya venido
vengas	hayas venido
venga	haya venido
vengamos	hayamos venido
vengáis	hayáis venido
vengan	hayan venido
Pretérito imperfecto	*Pretérito pluscuamperfecto*
viniese *o* -iera	hubiese *o* -iera venido
vinieses *o* -ieras	hubieses *o* -ieras "
viniese *o* -iera	hubiese *o* -iera "
viniésemos *o* -iéramos	hubiésemos *o* -iéramos "
vinieseis *o* -ierais	hubieseis *o* -ierais "
viniesen *o* -ieran	hubiesen *o* -ieran "
Futuro imperfecto	*Futuro perfecto*
viniere	hubiere venido
vinieres	hubieres venido
viniere	hubiere venido
viniéremos	hubiéremos venido
viniereis	hubiereis venido
vinieren	hubieren venido

MODO IMPERATIVO

Presente

ven
venid

Formas no personales

Simples:		Compuestas:		
Infinitivo:	venir	*Infinitivo:*	haber	venido
Gerundio:	viniendo	*Gerundio*	habiendo	venido
Participio:	venido			

MODO INDICATIVO

Tiempos simples:

Presente

veo
ves
ve
vemos
veis
ven

Pretérito imperfecto

veía
veías
veía
veíamos
veíais
veían

Pretérito perfecto simple

vi
viste
vio
vimos
visteis
vieron

Futuro imperfecto

veré
verás
verá
veremos
veréis
verán

Condicional simple

vería
verías
vería
veríamos
veríais
verían

Tiempos compuestos:

Pretérito perfecto

he visto
has visto
ha visto
hemos visto
habéis visto
han visto

Pretérito pluscuamperfecto

había visto
habías visto
había visto
habíamos visto
habíais visto
habían visto

Pretérito anterior

hube visto
hubiste visto
hubo visto
hubimos visto
hubisteis visto
hubieron visto

Futuro perfecto

habré visto
habrás visto
habrá visto
habremos visto
habréis visto
habrán visto

Condicional compuesto

habría visto
habrías visto
habría visto
habríamos visto
habríais visto
habrían visto

MODO SUBJUNTIVO

Tiempos simples:

Presente

vea
veas
vea
veamos
veáis
vean

Pretérito imperfecto

viese	*o*	-iera
vieses	*o*	-ieras
viese	*o*	-iera
viésemos	*o*	-iéramos
vieseis	*o*	-ierais
viesen	*o*	-ieran

Futuro imperfecto

viere
vieres
viere
viéremos
viereis
vieren

Tiempos compuestos:

Pretérito perfecto

haya	visto
hayas	visto
haya	visto
hayamos	visto
hayáis	visto
hayan	visto

Pretérito pluscuamperfecto

hubiese	*o*	-iera	visto
hubieses	*o*	-ieras	"
hubiese	*o*	-iera	"
hubiésemos	*o*	-iéramos	"
hubieseis	*o*	-ierais	"
hubiesen	*o*	-ieran	"

Futuro perfecto

hubiere	visto
hubieres	visto
hubiere	visto
hubiéremos	visto
hubiereis	visto
hubieren	visto

MODO IMPERATIVO

Presente

ve
ved

Formas no personales

Simples:

Infinitivo: ver
Gerundio: viendo
Participio: visto

Compuestas:

Infinitivo: haber visto
Gerundio habiendo visto

MODO INDICATIVO

Tiempos simples:

Presente

visto
vistes
viste
vestimos
vestís
visten

Pretérito imperfecto

vestía
vestías
vestía
vestíamos
vestíais
vestían

Pretérito perfecto simple

vestí
vestiste
vistió
vestimos
vestisteis
vistieron

Futuro imperfecto

vestiré
vestirás
vestirá
vestiremos
vestiréis
vestirán

Condicional simple

vestiría
vestirías
vestiría
vestiríamos
vestiríais
vestirían

Tiempos compuestos:

Pretérito perfecto

he vestido
has vestido
ha vestido
hemos vestido
habéis vestido
han vestido

Pretérito pluscuamperfecto

había vestido
habías vestido
había vestido
habíamos vestido
habíais vestido
habían vestido

Pretérito anterior

hube vestido
hubiste vestido
hubo vestido
hubimos vestido
hubisteis vestido
hubieron vestido

Futuro perfecto

habré vestido
habrás vestido
habrá vestido
habremos vestido
habréis vestido
habrán vestido

Condicional compuesto

habría vestido
habrías vestido
habría vestido
habríamos vestido
habríais vestido
habrían vestido

MODO SUBJUNTIVO

Tiempos simples:

Presente

vista
vistas
vista
vistamos
vistáis
vistan

Pretérito imperfecto

vistiese	*o*	-iera
vistieses	*o*	-ieras
vistiese	*o*	-iera
vistiésemos	*o*	-iéramos
vistieseis	*o*	-ierais
vistiesen	*o*	-ieran

Futuro imperfecto

vistiere
vistieres
vistiere
vistiéremos
vistiereis
vistieren

Tiempos compuestos:

Pretérito perfecto

haya	vestido
hayas	vestido
haya	vestido
hayamos	vestido
hayáis	vestido
hayan	vestido

Pretérito pluscuamperfecto

hubiese	*o*	-iera	vestido
hubieses	*o*	-ieras	"
hubiese	*o*	-iera	"
hubiésemos	*o*	-iéramos	"
hubieseis	*o*	-ierais	"
hubiesen	*o*	-ieran	"

Futuro perfecto

hubiere	vestido
hubieres	vestido
hubiere	vestido
hubiéremos	vestido
hubiereis	vestido
hubieren	vestido

MODO IMPERATIVO

Presente

viste
vestid

Formas no personales

Simples:

Infinitivo: vestir
Gerundio: vistiendo
Participio: vestido

Compuestas:

Infinitivo: haber vestido
Gerundio habiendo vestido

MODO INDICATIVO

Tiempos simples:

Presente
vuelo
vuelas
vuela
volamos
voláis
vuelan

Pretérito imperfecto
volaba
volabas
volaba
volábamos
volabais
volaban

Pretérito perfecto simple
volé
volaste
voló
volamos
volasteis
volaron

Futuro imperfecto
volaré
volarás
volará
volaremos
volaréis
volarán

Condicional simple
volaría
volarías
volaría
volaríamos
volaríais
volarían

Tiempos compuestos:

Pretérito perfecto
he volado
has volado
ha volado
hemos volado
habéis volado
han volado

Pretérito pluscuamperfecto
había volado
habías volado
había volado
habíamos volado
habíais volado
habían volado

Pretérito anterior
hube volado
hubiste volado
hubo volado
hubimos volado
hubisteis volado
hubieron volado

Futuro perfecto
habré volado
habrás volado
habrá volado
habremos volado
habréis volado
habrán volado

Condicional compuesto
habría volado
habrías volado
habría volado
habríamos volado
habríais volado
habrían volado

MODO SUBJUNTIVO

Tiempos simples:

Presente

vuele
vueles
vuele
volemos
voléis
vuelen

Pretérito imperfecto

volase	*o*	-ara
volases	*o*	-aras
volase	*o*	-ara
volásemos	*o*	-áramos
volaseis	*o*	-arais
volasen	*o*	-aran

Futuro imperfecto

volare
volares
volare
voláremos
volareis
volaren

Tiempos compuestos:

Pretérito perfecto

haya	volado
hayas	volado
haya	volado
hayamos	volado
hayáis	volado
hayan	volado

Pretérito pluscuamperfecto

hubiese	*o*	-iera	volado
hubieses	*o*	-ieras	"
hubiese	*o*	-iera	"
hubiésemos	*o*	-iéramos	"
hubieseis	*o*	-ierais	"
hubiesen	*o*	-ieran	"

Futuro perfecto

hubiere	volado
hubieres	volado
hubiere	volado
hubiéremos	volado
hubiereis	volado
hubieren	volado

MODO IMPERATIVO

Presente

vuela
volad

Formas no personales

Simples:

Infinitivo: volar
Gerundio: volando
Participio: volado

Compuestas:

Infinitivo: haber volado
Gerundio habiendo volado

MODO INDICATIVO

Tiempos simples:

Presente

vuelvo
vuelves
vuelve
volvemos
volvéis
vuelven

Pretérito imperfecto

volvía
volvías
volvía
volvíamos
volvíais
volvían

Pretérito perfecto simple

volví
volviste
volvió
volvimos
volvisteis
volvieron

Futuro imperfecto

volveré
volverás
volverá
volveremos
volveréis
volverán

Condicional simple

volvería
volverías
volvería
volveríamos
volveríais
volverían

Tiempos compuestos:

Pretérito perfecto

he vuelto
has vuelto
ha vuelto
hemos vuelto
habéis vuelto
han vuelto

Pretérito pluscuamperfecto

había vuelto
habías vuelto
había vuelto
habíamos vuelto
habíais vuelto
habían vuelto

Pretérito anterior

hube vuelto
hubiste vuelto
hubo vuelto
hubimos vuelto
hubisteis vuelto
hubieron vuelto

Futuro perfecto

habré vuelto
habrás vuelto
habrá vuelto
habremos vuelto
habréis vuelto
habrán vuelto

Condicional compuesto

habría vuelto
habrías vuelto
habría vuelto
habríamos vuelto
habríais vuelto
habrían vuelto

MODO SUBJUNTIVO

Tiempos simples:

Presente

vuelva
vuelvas
vuelva
volvamos
volváis
vuelvan

Pretérito imperfecto

volviese	*o*	-iera
volvieses	*o*	-ieras
volviese	*o*	-iera
volviésemos	*o*	-iéramos
volvieseis	*o*	-ierais
volviesen	*o*	-ieran

Futuro imperfecto

volviere
volvieres
volviere
volviéremos
volviereis
volvieren

Tiempos compuestos:

Pretérito perfecto

haya	vuelto
hayas	vuelto
haya	vuelto
hayamos	vuelto
hayáis	vuelto
hayan	vuelto

Pretérito pluscuamperfecto

hubiese	*o*	-iera	vuelto
hubieses	*o*	-ieras	"
hubiese	*o*	-iera	"
hubiésemos	*o*	-iéramos	"
hubieseis	*o*	-ierais	"
hubiesen	*o*	-ieran	"

Futuro perfecto

hubiere	vuelto
hubieres	vuelto
hubiere	vuelto
hubiéremos	vuelto
hubiereis	vuelto
hubieren	vuelto

MODO IMPERATIVO

Presente

vuelve
volved

Formas no personales

Simples:

Infinitivo: volver
Gerundio: volviendo
Participio: vuelto

Compuestas:

Infinitivo: haber vuelto
Gerundio habiendo vuelto

MODO INDICATIVO

Tiempos simples:		Tiempos compuestos:	
Presente		*Pretérito perfecto*	
yazco, yazgo *o* yago		he	yacido
yaces		has	yacido
yace		ha	yacido
yacemos		hemos	yacido
yacéis		habéis	yacido
yacen		han	yacido
Pretérito imperfecto		*Pretérito pluscuamperfecto*	
yacía		había	yacido
yacías		habías	yacido
yacía		había	yacido
yacíamos		habíamos	yacido
yacíais		habíais	yacido
yacían		habían	yacido
Pretérito perfecto simple		*Pretérito anterior*	
yací		hube	yacido
yaciste		hubiste	yacido
yació		hubo	yacido
yacimos		hubimos	yacido
yacisteis		hubisteis	yacido
yacieron		hubieron	yacido
Futuro imperfecto		*Futuro perfecto*	
yaceré		habré	yacido
yacerás		habrás	yacido
yacerá		habrá	yacido
yaceremos		habremos	yacido
yaceréis		habréis	yacido
yacerán		habrán	yacido
Condicional simple		*Condicional compuesto*	
yacería		habría	yacido
yacerías		habrías	yacido
yacería		habría	yacido
yaceríamos		habríamos	yacido
yaceríais		habríais	yacido
yacerían		habrían	yacido

MODO SUBJUNTIVO

Tiempos simples:

Presente

yazca,	yazga	*o*	yaga
yazcas,	yazgas	*o*	yagas
yazca,	yazga	*o*	yaga
yazcamos,	yazgamos	*o*	yagamos
yazcáis,	yazgáis	*o*	yagáis
yazcan,	yazgan	*o*	yagan

Pretérito imperfecto

yaciese	*o*	-iera
yacieses	*o*	-ieras
yaciese	*o*	-iera
yaciésemos	*o*	-iéramos
yacieseis	*o*	-ierais
yaciesen	*o*	-ieran

Futuro imperfecto

yaciere
yacieres
yaciere
yaciéremos
yaciereis
yacieren

Tiempos compuestos:

Pretérito perfecto

haya	yacido
hayas	yacido
haya	yacido
hayamos	yacido
hayáis	yacido
hayan	yacido

Pretérito pluscuamperfecto

hubiese	*o*	-iera	yacido
hubieses	*o*	-ieras	"
hubiese	*o*	-iera	"
hubiésemos	*o*	-iéramos	"
hubieseis	*o*	-ierais	"
hubiesen	*o*	-ieran	"

Futuro perfecto

hubiere	yacido
hubieres	yacido
hubiere	yacido
hubiéremos	yacido
hubiereis	yacido
hubieren	yacido

MODO IMPERATIVO

Presente

yace *o* yaz
yaced

Formas no personales

Simples:

Infinitivo: yacer
Gerundio: yaciendo
Participio: yacido

Compuestas:

Infinitivo: haber yacido
Gerundio habiendo yacido

Índice